12万円以内で行けちゃう！世界遺産の旅

自然遺産&文化遺産 複合遺産

WORLD HERITAGE TRIP GUIDE
PRESENTED BY A-WORKS

文化遺産

P020 西洋の驚異と謳われる伝説の小島。海上に浮かぶ崇高なる修道院
モン・サン・ミシェルとその湾 | フランス

文化遺産

P158 数千年の時を超えて現在に残る巨石群。今なお謎のベールに包まれる古代の記憶
ストーンヘンジ、エーヴベリーと関連する遺跡群 | イギリス

文化遺産

P266 黄金時代を伝える、紀元前の遺跡。古代ギリシャを代表するポリス
アテネのアクロポリス | ギリシャ

複合遺産

雲海を見下ろす中国仏教の聖地。断崖に鎮座する世界最大の古仏
峨眉山と楽山大仏 | 中国　　P260

文化遺産

アジアの至宝、東洋の神秘。ジャングルから目覚めた偉大なる王都
アンコール遺跡群 | カンボジア　　P164

文化遺産

P206 | 天を目指しめざし積み上げた632年。世界最大級のゴシック建築
ケルン大聖堂 | ドイツ

中国の山脈奥地に佇む湖泉滝。透き通った水が織りなす幻想世界
九寨溝の渓谷の景観と歴史地域 | 中国　P122

自然遺産

文明と宗教の交差点。堅牢な迷宮都市
古都トレド | スペイン　P056

文化遺産

複合遺産

P032　奇岩の上に築かれた修行の場。俗世と断絶した天空の修道院
メテオラ　│ ギリシャ

自然遺産

P236　雲海にそびえる山の頂。精霊が宿る聖なる山
キナバル自然公園　│ マレーシア

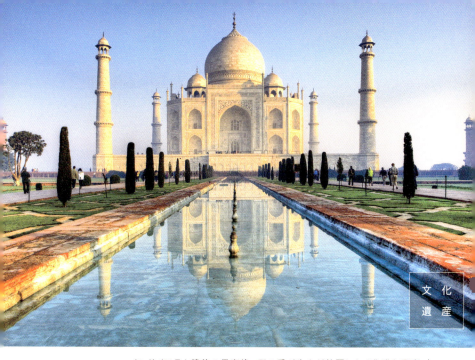

インドイスラム建築の最高峰。王の愛が生んだ壮麗にして典雅な霊廟
タージ・マハル | インド　　P224

幾多の言葉が捧げられた街。時代の変遷を映す、千年の都
プラハ歴史地区 | チェコ　　P086

はじめに

地球が創造した絶景の大自然、
先人たちが闊歩した美しい町並み、
悠久の歴史を伝える謎の古代遺跡、
丁寧な手仕事が残る芸術的な建築物……

多くの旅人が憧れを抱く、東西南北に散らばる世界遺産。
その数は1,000を超え、一度きりの限られた人生で、すべてに出逢うのは難しい。

この本は、"リーズナブルに"、世界遺産の自然を見たい！ 街を歩きたい！
空気に触れたい！ そんな思いを抱く旅人へ贈るガイドブックだ。

地球上に点在する、素晴らしい世界遺産の中から、
『見応え十分の世界遺産でありながら、12万円以内で行けちゃう』をテーマに選んだ旅先を、写真とガイド情報と共に紹介している。

12万円……つまり「毎月1万円貯めれば、年1度は行ける！」と言うことだ。
1日3〜400円節約できれば、1杯のコーヒーを我慢すれば、
1年に1度、憧れの世界遺産に出会えるのだ。

これだけ便利な移動手段が発達し、格安航空券も溢れている現在、
地球上にある魅力的な世界遺産に、リーズナブルに行けてしまう時代に、
僕らは生きている。

インターネットで見るだけじゃ満足できない人へ。
現地に行って、空気を、匂いを、風を感じたい人へ。

過去から現在へ、そして未来へと引き継いでいく
人類の宝物に出会う旅へ。

LET'S PLAY THE EARTH!

FACTORY A-WORKS

「12万円以内で行けちゃう！「世界遺産への旅」
CONTENTS

TRIP 01　フランス

「モン・サン・ミシェルとその湾」
西洋の驚異と謳われる伝説の小島
海上に浮かぶ崇高なる修道院
▶P20

文化遺産

TRIP 02　オーストラリア

「グレート・バリア・リーフ」
宇宙からも鑑賞できる芸術作品
世界一の珊瑚礁地帯
▶P26

自然遺産

TRIP 03 ギリシャ

「メテオラ」

奇岩の上に築かれた修行の場
俗世と断絶した天空の修道院
▶ P32

複合遺産

TRIP 04 イタリア

「ヴェネチィアとその潟」

湿地帯の上に作られた水の都
運河と橋がつなげる中世の街並み
▶ P38

文化遺産

TRIP 05 インドネシア

「ボロブドゥル寺院遺跡群」

密林に隠された巨大な立体曼荼羅
世界最大級の仏教寺院
▶ P44

文化遺産

TRIP 06 ロシア

「キジ島の木造教会」

極寒の地に佇む木造建築の展示場
時を超えて魅せる匠が築いた教会
▶ P50

文化遺産

TRIP 07 スペイン

「古都トレド」

文明と宗教の交差点
堅牢な迷宮都市
▶ P56

文化遺産

TRIP 08 オランダ

「キンデルダイク・エルスハウトの風車群」

国の礎となった排水システム
オランダの草原に連なる風車群
▶ P62

文化遺産

TRIP 09 中国

「福建の土楼」

流れ着いた民が築いた町
中国山間部に佇む客家建築
▶ P68

文化遺産

TRIP 10 オーストリア

「シェーンブルン宮殿と庭園群」

陽の沈まない帝国が築いた離宮
ハプスブルグ家の栄華を伝える宮殿と庭園
▶ P74

文化遺産

TRIP 11 フィリピン

「プエルト・プリンセサ地下河川国立公園」

鍾乳洞に広がる神秘の世界
世界最長の地下河川
▶ P80

自然遺産

TRIP 12 チェコ

「プラハ歴史地区」

幾多の言葉が捧げられた街
時代の変遷を映す、千年の都
▶ P86

文化遺産

TRIP 13 トルコ

「イスタンブール歴史地域」

東西を紡いだ、文明の十字路
歴史の変遷を伝える街
▶ P92

文化遺産

TRIP 14 デンマーク

「クロンボー城」

戯曲「ハムレット」の舞台
デンマークの王家を語る古城
▶ P98

文化遺産

TRIP 15 タイ

「古都アユタヤ」

微笑みの国に息づく古都
かつての栄華を伝える美しき廃墟
▶P104

文化遺産

TRIP 16 ロシア

「サンクト・ペテルブルク歴史地区と関連建造物群」

世界遺産の宝庫
美しきロシア最後の帝都
▶P110

文化遺産

TRIP 17 ネパール

「カトマンズの谷」

競い磨かれた美しき三都
ヒマラヤに抱かれた神々の住まう街
▶P116

文化遺産

TRIP 18 中国

「九寨溝の渓谷の景観と歴史地域」

中国の山脈奥地に佇む湖泉滝
透き通った水が織りなす幻想世界
▶P122

自然遺産

TRIP 19 フィンランド

「スオメンリンナの要塞群」

世界最大級の海の要塞
バルト海に浮かぶ星形の城壁
▶P128

文化遺産

TRIP 20 ポーランド

「クラクフ歴史地区」

ラッパの音が鳴り響く欧州最大の広場
戦乱をくぐり抜けた中世の街
▶P134

文化遺産

TRIP 21 パラオ

「南ラグーンのロックアイランド群」

海洋生物のパラダイス
美しい海と珊瑚が織り成す絶景
▶P140

複合遺産

TRIP 22 オーストリア

「ハルシュタット-ダッハシュタイン・ザルツカンマーグートの文化的景観」

紀元前から栄えてきた塩の町
世界一美しい湖畔の風景
▶P146

文化遺産

TRIP 23 フィリピン

「フィリピン・コルディリェーラの棚田群」

渓谷に架かる天国への階段
自然共生から誕生した美しき棚田群
▶P152

文化遺産

TRIP 24 イギリス

「ストーンヘンジ、エーヴベリーと関連する遺跡群」

数千年の時を超えて現在に残る巨石群
今なお謎のベールに包まれる古代の記憶
▶P158

文化遺産

TRIP 25 カンボジア

「アンコール遺跡群」

アジアの至宝、東洋の神秘
ジャングルから目覚めた偉大なる王都
▶P164

文化遺産

TRIP 26 イタリア

「ポンペイ、エルコラーノ及びトッレ・アヌンツィアータの遺跡地域」

2,000年前の営みを現代に伝える
一夜にして消えた、幻の街
▶P170

文化遺産

TRIP 27 ウズベキスタン

「サマルカンド-文化交差路」

シルクロードの文化交差路
悠久の歴史を誇る青の都
▶ P176

文化遺産

TRIP 28 イギリス

「エディンバラの旧市街と新市街」

スコットランドの首都
新市街と旧市街が調和する町
▶ P182

文化遺産

TRIP 29 インドネシア

「コモド国立公園」

珊瑚礁の広がる豊穣の海と
巨大コモドドラゴンが住むサバンナの島
▶ P188

自然遺産

TRIP 30 スウェーデン

「ドロットニングホルムの王領地」

湖と森の国に佇む華麗なる宮殿
北欧のヴェルサイユ
▶ P194

文化遺産

TRIP 31 バングラデシュ

「バゲルハットのモスク都市」

湿地帯から宗教都市への変貌
現在も人々が集う神聖な祈りの街
▶ P200

文化遺産

TRIP 32 ドイツ

「ケルン大聖堂」

天を目指しめざし積み上げた632年
世界最大級のゴシック建築
▶ P206

文化遺産

TRIP 33 ベトナム

「ハロン湾」

竜が吐き出した至宝の岩島
山水画のような別世界が広がる湾
▶ P212

自然遺産

TRIP 34 フランス

「ヴェルサイユの宮殿と庭園」

太陽王が築いた宮殿と庭園
華麗なる絶対王政のシンボル
▶ P218

文化遺産

TRIP 35 インド

「タージ・マハル」

インドイスラム建築の最高峰
王の愛が生んだ壮麗にして典雅な霊廟
▶ P224

文化遺産

TRIP 36 スペイン

「グラナダのアルハンブラ、ヘネラリーフェ、アルバイシン地区」

栄華を誇った王国の終焉地
ナルス朝が夢見た地上の楽園
▶ P230

文化遺産

TRIP 37 マレーシア

「キナバル自然公園」

雲海にそびえる山の頂
精霊が宿る聖なる山
▶ P236

自然遺産

TRIP 38 ハンガリー

「ホローケーの古村落とその周辺地区」

度重なる焼失から再建された古村落
ハンガリーで最も美しい村
▶ P242

文化遺産

TRIP 39 韓国

「済州火山島と溶岩洞窟群」

地球の躍動を感じる美しき山々と
太古の姿を残す神秘の溶岩洞窟
▶ P248

自然遺産

TRIP 40 オランダ

「アムステルダムのシンゲル運河内の17世紀の環状運河地区」

運河を中心とした都市計画
水と生きてきたオランダの歴史
▶ P254

文化遺産

TRIP 41 中国

「峨眉山と楽山大仏」

雲海を見下ろす中国仏教の聖地
断崖に鎮座する世界最大の古仏
▶ P260

複合遺産

TRIP 42 ギリシャ

「アテネのアクロポリス」

黄金時代を伝える、紀元前の遺跡
古代ギリシャを代表するポリス
▶ P266

文化遺産

TRIP 43 フランス

「パリのセーヌ河岸」

花の都パリの歴史の証人
街に寄り添うセーヌの流れ
▶ P272

文化遺産

TRIP +α 日本

「日本の世界遺産」

世界に誇る美しい自然
類い稀なる文化
▶ P278

TRIP 01 　西洋の驚異と謳われる伝説の小島
　　　　海上に浮かぶ崇高なる修道院

「モン・サン・ミシェルとその湾」フランス
Mont-Saint-Michel and its Bay / France

文化遺産

文化遺産	海上に浮かぶ崇高なる修道院

「モン・サン・ミシェルとその湾」

フランス西部の海岸線の沖合約1kmにモン・サン・ミシェルは浮かんでいる。それは、岩の小島を指し、また同時にその上に建てられた修道院の名前でもある。

708年、司教オベールが大天使ミカエルのお告げを受けたことによって、モン・サン・ミシェルの歴史の幕は上がった。すぐに着工したものの、修道院の土台完成までに費やした期間は、250年。11世紀には原型が完成したが、その後、落雷や戦争で半壊してしまう。そして16世紀に再建された姿が、現在に残っているのだ。

島の最高所にそびえる尖塔には黄金の大天使ミカエルが光輝き、聖堂内に残るゴシック様式の建築、装飾が美しい回廊、ラ・メルベイユ（驚異）と呼ばれる修道院の居住空間、緑豊かな中庭、他にも礼拝堂や城壁、塔や門など見惚れてしまう見所が満載だ。

また、島の周囲は世界最大規模の潮の満引きがあることでも知られている。かつて満潮の時には、島へと通じる道が消え孤島になり、引き潮の際には遥か10km以上先まで陸地となっていたのだ。その高低差が15mもあった為、潮に飲まれて命を失う巡礼者もいたが、現在では堤防の道が続いている。安全に訪問できるようになったものの、その堤防は潮流を止め、砂を堆積してしまうという問題も抱えていた。そして2014年、新たな橋が架かったことによって堤防を解体できる準備が整った。かつての"孤島"の姿を取り戻しつつある西洋の驚異と謳われるモン・サン・ミシェルで、何世代にもわたって人類が作り上げた技術の結晶が紡ぐ世界を旅しよう。

Travel Information: 01

文化遺産:
モン・サン・ミシェルとその湾
Mont-Saint-Michel and its Bay

 フランス / France

WORLD MAP

いくらかかる?
How much?
8.8万円～
<1泊4日／大人1名分の総予算>

■総予算内訳
※「旅の予算」は右頁「PLAN」の目安料金です。
□飛行機代
□宿泊費1名分(2名1室利用時)
□食事(朝1回)
□モン・サン・ミシェルツアー代
□燃油サーチャージ

どうやって行く?
How to get there
約16時間
<片道の合計時間>
※空港等での待機時間含みます

日本からフランスの玄関口パリまで直行便が運行している。成田～パリは約12時間30分。
パリからモン・サン・ミシェルまでは、列車でレンヌ駅まで約2時間15分移動し、そこからモン・サン・ミシェルまでバスで約1時間15分。または、パリ発のバスツアー(片道約4時間)で行くのが一般的だ。

いつが安いの?
Low Cost Season
11月～3月
<手頃なシーズン>

モン・サン・ミシェルがあるノルマンディー地方は、天候の変化が激しい。1年を通じて雨具が必要となり、また夏でも羽織る物が必要となる。リーズナブルに行ける時期は11～3月頃。

この旅のヒント
Hint!
リーズナブルに行ける場合が多い、乗り継ぎ便を手配前に確認しよう。

◆モン・サン・ミシェルを囲む湾は、干潮時に泥の陸地となる。場所によっては底なし沼になっていることもあるので、立ち入らないようにしよう。
◆島内は、急な坂道や段差が多い。また雨が降ると石畳ということもあり、滑りやすくもなる。履き慣れた滑りにくい靴で訪れよう。
◆成田からパリまで直行便が運行しているが、乗り継ぎ便を利用することでよりリーズナブルに行ける場合が多い。航空券手配前に確認してみよう。

PLAN
プラン例／1泊4日

1日目	終日	成田発〜乗り継ぎ〜パリへ【機内泊】
2日目	朝	パリ着
	終日	モン・サン・ミシェル【パリ泊】
3日目	終日	パリ
	夜	パリ発〜乗り継ぎ〜成田へ【機内泊】
4日目	夜	成田着

CHECK!

☑ モン・サン・ミシェル
チェックポイント

先住民ケルト人が信仰する聖地として存在し、その後カトリックの聖地になった。現在は、年間300万人もの観光客や巡礼者が訪れる、フランス随一の観光地だ。また、世界遺産「フランスのサンティアゴ・デ・コンポステーラの巡礼路」の一部としても登録されている。

☑ パリ
チェックポイント

パリのセーヌ河岸が世界遺産に登録されている。ルーブル美術館やオルセー美術館、シャンゼリゼ通り、エッフェル塔、ノートルダム大聖堂など見所が多い大都市だ。芸術やファッションなどのイベントも豊富で、ショッピングやオペラ鑑賞、本場フランス料理も楽しめる。

☒ グランド・リュでランチ
食事

修道院まで続く目抜き通りのグランド・リュには、土産屋やレストランが軒を連ねている。軽食を食べられるかわいいカフェから、シーフードや羊肉などしっかり食べられるレストランまで幅広い。かつて巡礼者のために発明されたという「プラールおばさんのオムレツ」が有名だ。

周辺情報
One more trip

ベルサイユ宮殿

パリから日帰り観光が可能な世界遺産。広大な敷地に建つバロック建築の代表作で、17世紀よりルイ14世や、マリーアントワネットなどが住んでいた。一歩足を踏み入れると贅を尽くした豪華絢爛、煌びやかな世界が広がる。鏡の間や庭園の噴水は見逃せない。

ロワール渓谷

昔から交通や交易、農業や生活のために重要な役割を果たしてきたロワール川流域に広がる渓谷。「フランスの庭園」と呼ばれ、城や宮廷、歴史的重要都市が点在していることから世界遺産にも登録されている。古城巡りなどを楽しみたい。

25

TRIP 02　宇宙からも鑑賞できる芸術作品
世界一の珊瑚礁地帯

「グレート・バリア・リーフ」オーストラリア
Great Barrier Reef / Australia

自然遺産

| 自然遺産 | 世界一の珊瑚礁地帯 |

「グレート・バリア・リーフ」

オーストラリア北東岸には、世界最大の珊瑚礁地帯グレート・バリア・リーフがある。日本とほぼ同じ344,400㎢もの総面積には、およそ900の島々が浮かぶ。その大きさから"宇宙から認識できる唯一の生命体"と言われている。

最大の魅力は、類まれなる多様性だ。珊瑚400種類、魚類1,500種類、鳥類200種類以上など、生物の宝庫となっている。輝く太陽に照らされた温かい海には珊瑚が群生し、カクレクマノミなどのカラフルな魚たち、そしてクジラやオニイトマキエイ、マンタ、サメ、ナポレオンフィッシュ、絶滅危惧種のアカウミガメなどが悠々と泳ぐ。まさに竜宮城のような世界が広がっている。

一帯には、白い砂と植物の緑のコントラストが美しい珊瑚の島グリーン島、立ち入り人数の制限を設け環境を保護している無人島フランクランド島、熱帯雨林が茂るフィッツロイ島、野鳥の保護区にもなっている白砂の小島ミコマスケイ、ハート型の珊瑚礁で有名なハミルトン島、白砂と碧い海水が混じりあって作られる縞模様の絶景が広がるヒル・インレット、無数にある美しいビーチ……と魅力的な場所が溢れている。

奇跡とも言える自然が作り出した絶景の中で、海遊びを楽しもう。

Travel Information: 02

自然遺産:
グレート・バリア・リーフ
Great Barrier Reef

 オーストラリア / Australia

WORLD MAP

いくらかかる？
How much?
10.1万円〜
<2泊4日／大人1名分の総予算>

■総予算内訳
※「旅の予算」は右頁「PLAN」の目安料金です。
□飛行機代
□宿泊費1名分(2名1室利用時)
□食事(朝2回)
□グリーン島ツアー(送迎付)
□燃油サーチャージ
※空港〜ホテル往復送迎・出入国税を除く

どうやって行く？
How to get there
約7.5時間
<片道の合計時間>
※空港等での待機時間含ます

成田からグレート・バリア・リーフの玄関口ケアンズまで直行便が運行している。成田〜ケアンズは約7時間40分。

いつが安いの？
Low Cost Season
9月〜11月
4月〜6月
<手頃なシーズン>

南半球にあるオーストラリアは日本と季節が真逆になる。その為、春は9〜11月、夏は12〜2月、秋は3〜5月、冬は6〜8月となる。リーズナブルに行ける時期は9〜11月、4〜6月頃。

この旅のヒント
Hint!
格安航空会社を利用する際は、様々な条件があるので事前に確認を。

◆成田からケアンズまで格安航空会社のジェットスターを使用する場合は、様々な条件があるので注意が必要だ。エコノミークラスでは、いったん予約するとキャンセルできない場合や、荷物預け、機内食、ビデオオンデマンドも有料となる場合がある。事前に確認してから予約を行おう。

PLAN

プラン例／2泊4日

1日目	夜	成田発〜ケアンズへ【機内泊】
2日目	早朝	ケアンズ着
	終日	ケアンズ【ケアンズ泊】
3日目	終日	グリーン島【ケアンズ泊】
4日目	午後	ケアンズ発〜成田着

CHECK!

✓ ケアンズ
チェックポイント

グレート・バリア・リーフの玄関口として知られる街だが、同時に買い物も飲食も充分楽しめる。まずは、メインストリートとなるエスプラネード通りをのんびり散策してみよう。また「CAIRNS Tropical ZOO」では、コアラをはじめ、ウォンバットやカンガルーなど120種類の動物に出会える。

✓ グレート・バリア・リーフ
チェックポイント

グレート・バリア・リーフの各離島へのアクセスは、飛行機やセスナ機、ヘリコプター、フェリー、高速船と、目的の島によって様々だ。ケアンズ発着のツアーが多数催行されているので、希望に合うものを選択し参加しよう。

✗ マッドクラブ
食事

シーフードレストランが多いケアンズで、マッドクラブは食べておきたい。ぎっしり詰まった身には贅沢な旨味が凝縮されている。また、魚や蟹、牡蠣などの新鮮なシーフードに加え、オージービーフのステーキも人気の一品だ。

✓ オーストラリアのお土産

ケアンズは、土産の品揃えが豊富だ。免税店をはじめ、チョコレートやワイン、天然由来のコスメ、先住民アボリジニの民芸品などを購入することができる。中でもチョコレートでコーティングされたビスケット「ティムタム」は美味しくて有名だ。

周辺情報
One more trip

キュランダ

ケアンズから車で1時間ほどの場所にある、世界最古の熱帯雨林に囲まれた村。一帯が世界遺産に登録されている。村には工芸品のお店などがあるが、実はこの村へ行くために乗車する高原列車が一番のハイライト。素晴らしい熱帯雨林の景観を望むことができる。

31

TRIP 03 　奇岩の上に築かれた修行の場
　　　　俗世と断絶した天空の修道院

「メテオラ」ギリシャ
Meteora / Greece
複合遺産

複合遺産	俗世と断絶した天空の修道院

「メテオラ」

ヨーロッパ南東部、バルカン半島の南に位置するギリシャ。紀元前から多くの都市国家が誕生した豊かな歴史を誇る国だ。それを証明するかのように多くの文化遺産がある中で、メテオラは複合遺産として世界遺産に登録されている。人類と自然が融合した遺産なのだ。

メテオラはギリシャ北西部のカランバカという町の郊外にある。そこは高さ30〜600mもある岩の塔が60以上も点在している、まるで岩の森林とも言うべき場所。そのいくつかの岩の上、断崖絶壁に修道院が佇んでいるのだ。

それらは11世紀頃、キリスト教の修道士達が俗世を離れて、祈りと瞑想に集中する為に建てられたものだ。建材や物資は梯子やカゴ、ロープ、滑車などを用いて少しずつ上げられたと言う。そして15、16世紀に迎えた最盛期には24もの修道院が完成する。現在では、その中の6つを見ることが可能で、急階段又はケーブルカーでアクセスすることになる。

600mを超える高さの岩山の上に建つのが、最も大きく、そして古いメガロ・メテオロン修道院だ。教会や図書館、博物館などがあり、またフレスコ画などのビザンチン芸術を見ることができる。そして遠方にはヴァルラアム修道院やカランバカを望め、まさに絶景というべき光景が広がっている。

ギリシャ語で「中空」を意味するメテオロスに由来するメテオラ。かつての修道士たちのように俗世と離れた別世界を旅してみよう。

Travel Information: 03

複合遺産:
メテオラ
Meteora

ギリシャ / Greece

WORLD MAP

いくらかかる?
How much?
10.6万円〜
<3泊6日／大人1名分の総予算>

■総予算内訳
※「旅の予算」は右頁「PLAN」の目安料金です。
□飛行機代
□宿泊費1名分(2名1室利用時)
□メテオラ&デルフィ1泊2日ツアー代
□食事(朝3、夕1回)
□燃油サーチャージ

どうやって行く?
How to get there
約19.5時間
<片道の合計時間>
※空港等での待機時間含まず

成田からギリシャの玄関口、アテネまでの直行便はない。トルコのイスタンブールやアラブ首長国連邦のアブダビやドバイ、またはヨーロッパ1都市での乗り継ぎが必要になる。成田〜イスタンブールは約12時間30分、イスタンブール〜アテネは約1時間30分。また、アテネからカランバカは電車で約5時間、カランバカからメテオラまでは車で約20分の移動となる。

いつが安いの?
Low Cost Season
11月〜3月
<手頃なシーズン>

夏(6〜9月)は30度を超える日もあるが、乾燥している為、比較的過ごし易い。また、冬(12〜3月)は雨が多い時期となる。どの時期でも朝晩は冷え込むので、羽織る物や防寒具が必要となる。リーズナブルに行ける時期は11〜3月頃。

この旅のヒント
Hint!
女性はズボンでの入場が禁止の為、長めのスカートなどを持参しよう。

◆現在も修道院として存在している神聖な場なので肌の露出は厳禁。また、女性はズボンでの入場は禁止され、長めのスカートを履くか、ストールなどを巻く必要がある。
◆修道院までは急な階段を上ることになるので、歩きやすい靴で訪れよう。

PLAN
プラン例／3泊6日

1日目	夜	成田発〜イスタンブール乗り継ぎ〜アテネへ【機内泊】
2日目	午前	アテネ着【アテネ泊】
3日目	終日	メテオラ&デルフィ1泊2日ツアー【カランバカ泊】
4日目	午前	メテオラ&デルフィ1泊2日ツアー【アテネ泊】
5日目	午後	アテネ発〜イスタンブール乗り継ぎ〜成田へ【機内泊】
6日目	午後	成田着

CHECK!

✅ メテオラ
チェックポイント

現在においても使用されている修道院は、メガロ・メテオロン修道院、ヴァルラアム修道院、アギオス・ニコラオス・アナパフサス修道院、ルサヌー修道院、アギア・トリアダ修道院、アギオス・ステファノス修道院の6つ。すべて拝観が可能だ。

✅ カランバカ
チェックポイント

メテオラ観光の拠点となる町で、アテネから約350kmの距離にあり、町の背後には奇岩がそびえる。白壁にオレンジ色の屋根でできた建物が並び、ホテルやレストラン、土産屋、10世紀に建てられた古い教会などがある。

✅ アテネ
チェックポイント

オリンピックの発祥地であり、ギリシャの首都。パルテノン神殿も含まれる世界遺産アクロポリスなど古代からの貴重な史跡が多い。郊外には聖地デルフィやミケーネ遺跡、オシオス・ルカス修道院、ダフニ修道院などの世界遺産がある。

❌ オリーブ
食事

オリーブの消費量世界一のギリシャ。ギリシャ料理に塩漬けのオリーブやオリーブオイルは欠かせないものとなっている。市場で多くの種類が売られているので、味見をして気に入ったものを購入しよう。またオリーブ石けんやオリーブ化粧品なども人気商品だ。

周辺情報
One more trip

アトス山

ギリシャ正教最大の聖地。険しい山々と森に囲まれ、船でしかアクセスできないという世俗から隔絶されたロケーションにある。残念ながら女性は入山禁止となっていて、また男性も入山許可を取得する必要がある。メテオラとも歴史的繋がりが深いギリシャの世界遺産のひとつ。

TRIP 04 湿地帯の上に作られた水の都
運河と橋がつなげる中世の街並み

「ヴェネチィアとその潟」イタリア
Venice and its Lagoon / Italy

文化遺産

文化遺産	運河と橋がつなげる中世の街並み

「ヴェネチィアとその潟」

イタリア北東部の細長いアドリア海の奥に位置する、「水の都」ヴェネチィア。中世の街並みを主として、150にも及ぶ大小の運河や様々なデザインの400以上の橋、川を漕ぐ小さな船など、それらが一体となった美しい風景が魅力で、「アドリア海の女王」とも謳われている街だ。

5世紀頃、北イタリア人がゲルマン人勢力から湿地帯に逃げ込んで築いたとされる街。それが現在へと繋がるヴェネチィアの歴史の始まりだ。697年にヴェネチィア共和国が建国すると、その後は貿易により繁栄を遂げる。しかし、1797年のナポレオンの侵略によって約1000年続いた共和国の歴史は幕を閉じた。現在でもかつての栄華を物語る豪華な宮殿や大聖堂、商館などを見ることができる。特にドゥカーレ宮殿やサン・マルコ寺院は目玉のひとつだが、それらが面する世界一美しいと呼ばれるサン・マルコ広場も歩きたいスポットだ。

島内には車や自転車は入れず、徒歩か船での移動となる。街を散策すると路地は迷路のように入り組んでいて、水と生きてきた人々の生活を垣間見られるだろう。また、芸術の街としても名高く、ヴェネチィア派絵画から現代アートまで数々の美術館を擁し、芸術のオリンピック「ヴェネチィア・ビエンナーレ」が開催される街でもあるのだ。

本島だけでも100以上の島が橋で繋がっている、ヴェネチィア。小舟に乗って運河からの景色を眺め、迷路のように張り巡らされた路地を歩いてみよう。迷子になってしまうほど散策をしてみれば、水の都の奥深き美しさに触れることができるだろう。

Travel Information: 04

文化遺産:
ヴェネチアとその潟
Venice and its Lagoon

 イタリア / Italy

WORLD MAP

いくらかかる?
How much?
10.1万円〜
<2泊5日／大人1名分の総予算>

■総予算内訳
※「旅の予算」は右頁「PLAN」の目安料金です。
□飛行機代
□宿泊費1名分(2名1室利用時)
□食事(朝2回)
□燃油サーチャージ

どうやって行く?
How to get there
約14時間
<片道の合計時間>
※空港等での待機時間含みます

成田からイタリアの首都ローマまで直行便が運行している。そこからヴェネチアまでは国内線で移動することになる。成田〜ローマは約12時間50分、ローマ〜ヴェネチアは約1時間10分。

いつが安いの?
Low Cost Season
11月〜3月
<手頃なシーズン>

東京と似たような気候だが、潟の上に築かれた街だけに夏は暑く冬は寒い。1月の最低気温はマイナスになることもあるので、冬に訪れる際は厚手の防寒具が必要だ。リーズナブルに行ける時期は11〜3月頃。

この旅のヒント
Hint!
リーズナブルに行ける場合が多い、乗り継ぎ便を手配前に確認しよう。

◆石畳の路地は狭く、橋は階段が多い。歩きやすい靴で訪れると共に、荷物はキャリーバッグよりも背負える物がオススメだ。また、教会などを訪れる予定の時は、肌の露出を抑えた服装で。
◆成田からローマまで直行便が運行しているが、乗り継ぎ便を利用することでよりリーズナブルに行ける場合が多い。航空券手配前に確認してみよう。

PLAN
プラン例／2泊5日

1日目	夜	成田発〜乗り継ぎ〜ヴェネチアへ【機内泊】
2日目	午後	ヴェネチア着【ヴェネチア泊】
3日目	終日	ヴェネチア【ヴェネチア泊】
4日目	午後	ヴェネチア発〜乗り継ぎ〜成田へ【機内泊】
5日目	午後	成田着

CHECK!

✓ ヴェネチア
チェックポイント

約4kmの長さのリベルタ橋がイタリア本土と繋がっていて、島の入口まで鉄道や自動車で行くことができる。118もの島が橋で繋がってできているヴェネチアは、まさに水上の都市。アドリア海の新鮮な魚介類を楽しみながら運河を、そして小路を巡り、街全体を楽しもう。

✓ 周辺の島々
チェックポイント

ヴェネチアは水上交通が発達している為、水上バスを利用して周囲の島々を簡単に巡ることもできる。カラフルな色の家が建ち並ぶブラーノ島、ヴェネチアンガラスの工房が多いムラーノ島、最も古くから人々が定住したトルチェッロ島などにも訪れてみよう。

ヴェネチアン・グラス
ショッピング

ムラーノグラスとも呼ばれる、ムラーノ島名産のガラス製品。気品のあるシルエット、繊細な作り、上品で華やかな色合いが特徴的だ。グラスやお皿などの食器をはじめ、ネックレスやピアス、時計、ランプなど様々な製品が作られている。

周辺情報
One more trip

ヴェローナ

ヴェネチアから車で約1時間30分の距離にある、ヴェネチア共和国に属していた古都。「ロミオとジュリエット」の舞台となったことで有名な街だ。円形競技場やエルベ広場など古代ローマ時代からの遺跡が残っていて、街自体が世界遺産に登録されている。

ローマ

イタリアの首都で、コロッセオやフォロ・ロマーノなどが含まれる「ローマ歴史地区、教皇領とサン・パオロ・フオーリ・レ・ムーラ大聖堂」は世界遺産に登録されている。バチカン美術館や真実の口、スペイン階段やトレビの泉など見所が多く、博物館のような街だ。

43

TRIP 05 密林に隠された巨大な立体曼荼羅
世界最大級の仏教寺院

「ボロブドゥル寺院遺跡群」インドネシア
Borobudur Temple Compounds / Indonesia

文化遺産

文化遺産

世界最大級の仏教寺院
「ボロブドゥル寺院遺跡群」

東南アジア南部に位置する海洋国家インドネシアは、紀元前から海上交通が発達した国だ。他国との交易が盛んになっていくにつれ、多くの品物が行き交うのと同時にヒンドゥー教や仏教、イスラム教など様々な宗教が持ち込まれた歴史を持つ。

8世紀に入ると、ジャワ島には仏教を奉じた王国が誕生し、大規模な仏教寺院を築いた。それが、世界最大級の仏教遺跡、ボロブドゥル遺跡だ。しかし、その栄華も束の間、寺院は王国の衰退と共に密林の奥深くで眠りにつくことになり、人々の記憶から忘れ去られていた。そして、1,000年後。イギリス人の手によって発見され、再び光があたることになったのだ。

約120m四方のピラミッド型をしたこの寺院の頂には、巨大な仏塔＝ストゥーパがあり、そのまわりの円壇には仏像の入った72基のストゥーパが連なる。一番の見所は回廊のレリーフで、ブッダの生涯やインドの説話が2,500面以上にもわたって精密に描かれている。登場人物の豊かな表情や躍動感に、当時の高い技術を窺い知ることができる。寺院自体が仏教的宇宙を表す曼荼羅と言われ、回廊を巡りながら階段を一歩一歩登ることで、欲深い世俗から悟りの境地にいたるまでの流れを体験することができるのだ。未だ遺跡の全貌は明らかにされていないが、その神々しい姿に旅行者のみならず仏僧の参拝者も絶えることはない。密林から目覚めた、巨大仏教寺院に出会い、魂を浄化する旅へ。

Travel Information: 05

文化遺産：
ボロブドゥル寺院遺跡群
Borobudur Temple Compounds

インドネシア / Indonesia

WORLD MAP

《いくらかかる？》 How much?
9.5万円〜
<2泊4日/大人1名分の総予算>

■総予算内訳
※「旅の予算」は右頁「PLAN」の目安料金です。

□ 飛行機代
□ 宿泊費1名分(2名1室利用時)
□ 移動(ジョグジャカルタ〜ボロブドゥール往復)
□ 食事(朝2回)
□ ボロブドゥル入場料
□ 燃油サーチャージ

《どうやって行く？》 How to get there
約10.5時間
<片道の合計時間>
※空港等での待機時間含ます

日本からインドネシアの玄関口デンパサールまで直行便が運行している。デンパサールからはボロブドゥル最寄りの空港ジョグジャカルタへ国内線で移動する。成田〜デンパサールは約7時間30分、デンパサール〜ジョグジャカルタは約1時間10分。そこから市バスなどでギワンガンまで約1時間30分移動しバスを乗り換え、ボロブドゥルまで15分。

《いつが安いの？》 Low Cost Season
5月〜6月
10月〜12月
<手頃なシーズン>

1年を通じて平均気温は25度以上となる、熱帯性気候。乾期(4〜9月)と雨期(10〜3月)に分かれている。基本的に日中は暑いので、日焼け・日除け対策が必要だ。リーズナブルに行ける時期は5〜6月、10〜12月頃。

《この旅のヒント》 Hint!
世界遺産プランバナン寺院遺跡群も合わせて1日で見ることが可能。

◆宗教施設なので、肌の露出は控えよう。短パンやサンダルも避けたい。
◆「周辺情報」で紹介しているプランバナン遺跡と合わせて1日で巡ることも可能だ。ボロブドゥルをゆっくり巡ったり、朝日や夕陽を見たい場合は難しいが、もうひとつ世界遺産を追加できるチャンスでもあるので、日程を組む際に検討してみよう。

PLAN
プラン例／2泊4日

1日目	終日	成田発〜デンパサール乗り継ぎ〜ジョグジャカルタ着【ジョグジャカルタ泊】
2日目	終日	ボロブドゥル遺跡【ジョグジャカルタ泊】
3日目	午前	ジョグジャカルタ発〜デンパサール着
	午後	デンパサール
	深夜	デンパサール発〜成田へ【機内泊】
4日目	朝	成田着

CHECK!

✅ ボロブドゥル遺跡
チェックポイント

ジョグジャカルタから42km、車で約1時間半の距離に位置する。200万個以上の石のブロックを積んで造られており、内部に空間はない。遺跡の敷地内にホテルがあり、サンライズ、サンセットツアーも開催している。詳細に渡る説明を希望する場合は、ガイド付きツアーがオススメだ。

✅ ムンドゥ寺院とパオン寺院
チェックポイント

ボロブドゥル寺院の他に2つの寺院も世界遺産に含まれている。ボロブドゥルから東に3kmの地点にあるムンドゥ寺院の如来像は、世界でもっとも美しい仏像のひとつだと言われている。また同じく東に1.7kmの場所にはレリーフが美しいパオン寺院がある。

❌ ジャワ料理
食事

民族や地域が受けた歴史の影響によって各地の料理は味が異なる。遺跡のある中央ジャワ州の名物料理は、グドゥッと呼ばれるもの。ジャックフルーツを砂糖とココナッツミルクで煮たシチューのようなものだ。またイスラム教徒が多いので豚肉はほとんど提供されない。

周辺情報
One more trip

ジョグジャカルタ

インドネシアの古都で、今も王宮にはスルタンという王族が住んでいる。ジャワ美術の中心地であり、銀細工や影絵劇、ガムラン音楽が有名。繁華街のマリオボロ通りにはレストランやホテル、土産を売る露店、ショッピングセンターが立ち並び、夜でも活気がある。

プランバナン寺院遺跡群

ジョグジャカルタ近郊にある世界遺産で、9世紀に建てられたインドネシア最大のヒンドゥー寺院。広大な敷地の中にいくつもの遺跡があり、一番高くそびえ立つロロ・ジョングラン寺院のシバ堂は47mを誇る。夜はライトアップされ、屋外劇場では伝統舞踊も上演されている。

TRIP 06 極寒の地に佇む木造建築の展示場
時を超えて魅せる匠が築いた教会

「キジ島の木造教会」ロシア
Kizhi Pogost / Russia

文化遺産

<small>文化遺産</small> **時を超えて魅せる匠が築いた教会**
「キジ島の木造教会」

ロシア連邦を構成する地域のひとつ、カレリア共和国。ロシア北西部に位置し、西はフィンランド国境に接し、東は白海に面している。丘陵性の平原が広がる大地には、約27,000もの河川と約60,000もの湖が点在する。そのひとつ、ヨーロッパ第2位の面積を持つオネガ湖に長さ7km、幅500mの細長いキジ島は浮かんでいる。

広大な森林を擁するロシアには、木造建築を手掛ける大工が多く存在した。彼らが持つ卓越した伝統技術によって、他に類を見ない木造教会が建てられた。キジ島で見られるそれは、釘を1本も使用せずに建てられたもので、ロシア木造建築の最高傑作と称えられている。

18世紀初頭に建設された夏の教会プレオブラジェンスカヤ教会の高さは約37m。層によって大きさが変わる玉ねぎのようなドーム型の屋根が22個あり、ローソクの炎を意味していると言われている。冬の教会ポクロフスカヤ教会は、暖房を備え、寒い冬でも内部を快適にできるように作られている。ドーム型の屋根は9個で、内部の見学も可能だ。それらの間には、土台が四角形、上部が八角形という造りの鐘楼が建ち、両サイドの教会と見事に調和している。

キジ島は、ロシア各地から貴重な木造建築が移築されていて、島全体が特別保護地区に指定されている。その姿はさながら野外博物館のようであり、家屋や礼拝堂、風車小屋など83もの木造建築を見学することができる。

玉ねぎ型を形成する小さな木片を組み合わせて作られた鱗のような屋根や、長い年月、太陽の光や風雨から耐え続けた外壁が見せる木の表情。木の匠が築いた芸術作品が放つ造形美と歴史に触れる旅へ。

Travel Information: 06

文化遺産:
キジ島の木造教会
Kizhi Pogost

 ロシア / Russia

WORLD MAP

いくらかかる？
How much?

10.4万円〜
<3泊5日／大人1名分の総予算>

■総予算内訳
※「旅の予算」は右頁「PLAN」の目安料金です。
□飛行機代
□宿泊費1名分（2名1室利用時）
□食事（朝1回）
□寝台列車代（サンクトペテルブルク〜ペトロザボーツク往復）
□船代
□燃油サーチャージ

どうやって行く？
How to get there

約26時間
<片道の合計時間>
※空港等での待機時間含ます

ロシア第2の都市、サンクト・ペテルブルクまで乗り継ぎ便で行くことになる。中東や北欧、またはモスクワなどで乗り継いで行くのが一般的だ。成田〜ドバイは約10時間50分、ドバイ〜サンクトペテルブルクは約6時間。サンクト・ペテルブルクからキジ島観光の入口となる町ペトロザボーツクまで列車で約8時間移動し、そこからキジ島へ船で約1時間20分。

いつが安いの？
Low Cost Season

5月〜6月
<手頃なシーズン>

春、秋〜冬（10〜3月）は寒さが厳しく、またキジ島周囲の湖が凍結してしまう為、船が運休となる。その為、基本的に5〜9月の間しか訪れることができない。リーズナブルに行ける時期は5〜6月頃。

この旅のヒント
Hint!

木造教会は修復中の場合がある。事前に旅行会社などに確認しよう。

◆入国に際してビザが必要となるロシア。自分でロシア大使館に足を運び取得することも可能だが、手続きが複雑な為、旅行会社に依頼するのがベター。別途費用がかかってしまうが、そこは必要経費として考えたい。
◆木造教会は痛みが激しく修復中の場合もあるので、事前に見学の可否を旅行会社などに確認しよう。

PLAN
プラン例／3泊5日

1日目	終日	成田発〜乗り継ぎ〜サンクト・ペテルブルク着【サンクト・ペテルブルク泊】
2日目	夜	ペトロザボーツクに移動【列車内泊】
3日目	朝	ペトロザボーツク着　キジ島に移動、キジ島
	夕方	ペトロザボーツク発〜サンクト・ペテルブルクへ【列車内泊】
4日目	朝	サンクト・ペテルブルク着
	夕方	サンクト・ペテルブルク発〜乗り継ぎ〜成田へ【機内泊】
5日目	午前	成田着

CHECK!

☑ キジ島
チェックポイント

儀式という意味を持つ島。その名の通り、古来より自然崇拝が行われてきた。その後、教会などが建てられるものの、ソ連時代に石造りがもてはやされ、手を入れられることなく朽ち果てる運命を辿っていた。しかしソ連崩壊を機にその価値が見直されて、今日に至っている。

☑ ペトロザボーツク
チェックポイント

サンクト・ペテルブルクの北東約300kmの距離にある、キジ島観光の発着地となる町。キジ島からは約68km離れている。湖畔にある美しい町で、カレリア美術館やアバンギャルドな彫刻が点在する湖沿いの遊歩道を歩きたい。

☒ カレリア料理
食事

湖や川の多いカレリア共和国。森の恵みであるきのこ類と、湖などで採れる鮭やマスなど淡水魚が使われる料理が多い。カレリアンホットポットという肉シチューや、カレリアンパスティーというジャガイモや蕎麦の入ったパイなどが、カレリア人の郷土料理として知られている。

周辺情報
One more trip

サンクト・ペテルブルク

約300万点のコレクションを誇るエルミタージュ美術館や内部に施されたモザイク画が素晴らしい血の上の救世主教会、金色に輝くドームを頂に持つイサク大聖堂など外せない見所が満載の街。世界遺産の宝庫とも知られているので、1、2日滞在して巡りたい。

エカテリーナ宮殿

サンクト・ペテルブルクの南約30kmの所に位置する、豪華絢爛な宮殿。ピョートル一世の後に誕生したロシアの女帝、エカテリーナ二世が夏の間過ごしたことから夏の離宮とも言われている。特に部屋の内部がすべて琥珀でできた壮麗な「琥珀の間」は必見。

55

TRIP 07　文明と宗教の交差点
　　　　　堅牢な迷宮都市

「古都トレド」 スペイン
Historic City of Toledo / Spain

文化遺産

文化遺産	堅牢な迷宮都市

「古都トレド」

ヨーロッパ南西部に位置し、地中海と大西洋に面する情熱の国スペイン。フラメンコや闘牛などのエンターテイメントと共に豊かな歴史も抱く、魅力溢れる国だ。

スペイン中央部に位置する、首都マドリッドの南約70kmの距離に、かつて存在した西ゴート王国の首都トレドがある。海抜約530mの丘の上に築かれたこの街は、3方向を屈曲したタホ川が囲む、まさに自然の要塞だ。城壁が囲む旧市街の1km四方に混在しているのは、イスラム教やキリスト教、ユダヤ教の文化が色濃く反映された建築物。トレドの入口である正門ビクサラ門や太陽の門、橋、美術館など、実に多くの見所がある。中でもトレドのシンボルでもある、スペイン・カトリックの総本山「トレド大聖堂」は外せない。高さ92mもの塔と4つの側廊、22の礼拝堂で構成される荘厳な聖堂で、天井画やステンドグラスが素晴らしい。また、大礼拝堂の祭壇後方にはキリストの生涯が見事に彫刻されている。加えて、サント・トメ教会も見逃せない見所のひとつ。スペイン3大画家のひとりに数えられるエル・グレコの最高傑作と言われる「オルガス伯の埋葬」を見られるのだ。

街外れの展望台からは、幾多のアーティストや写真家によって描かれ、撮られたトレドの全貌を望むことができる。中世からほとんど姿を変えないその絶景は、「スペインに1日しかいないのなら、迷わずトレドへ行け」と語られるのも納得の美しさ。様々な民族、そして複数の宗教が築いた、スペインの古都を歩く旅へ。

Travel Information: 07

文化遺産:
古都トレド
Historic City of Toledo

 スペイン / Spain

WORLD MAP

《いくらかかる？》
How much?
10.3万円〜
<2泊5日／大人1名分の総予算>

■総予算内訳
※「旅の予算」は右頁「PLAN」の目安料金です。

□飛行機代
□宿泊費1名分(2名1室利用時)
□トレド半日観光ツアー代
□燃油サーチャージ

《どうやって行く？》
How to get there
約21時間
<片道の合計時間>
※空港等での待機時間含みます

日本からスペインまでの直行便は運行していない。中東やヨーロッパ1都市で乗り継ぎ、スペインの玄関口のひとつマドリッドまで行くことになる。成田〜ドーハは約12時間15分、ドーハ〜マドリッドは約7時間45分。マドリッドからトレドまでは高速列車で約40分。

《いつが安いの？》
Low Cost Season
11月〜3月
<手頃なシーズン>

他のヨーロッパ諸国に比べ温暖な気候の為、冬(12〜2月)でも最高気温が10度前後となる。乾燥していることも特徴のひとつで、日中と夜間の温度差は大きく、どの時期でも暖かい上着は必須だ。リーズナブルに行ける時期は11〜3月頃。

《この旅のヒント》
Hint!
旧市街は石畳や坂道が多い。履き慣れた歩きやすい靴で訪れよう。

◆旧市街の中は、徒歩観光が基本となる。石畳を歩くことに加え坂道が多いので、履き慣れた歩きやすい靴で訪れよう。
◆大聖堂や他の教会を訪れる際はノースリーブなどが禁止されている。肌の露出を抑えた服装で行こう。

PLAN
プラン例／2泊5日

1日目	夜	成田発～乗り継ぎ～マドリッドへ【機内泊】
2日目	午後	マドリッド着【マドリッド泊】
3日目	午後	トレド半日観光【マドリッド泊】
4日目	午後	マドリッド発～乗り継ぎ～成田へ【機内泊】
5日目	午後	成田着

CHECK!

✓ トレド
チェックポイント

スペイン絵画の巨匠エル・グレコが愛し、暮らしていたことでも知られている街。刀剣などの製造が盛んだった為、武器のレプリカを売っているお土産屋が多い。また、古城を改装した宿泊施設が、トレドの街を見下ろす丘の上にあるので、淡い光に包まれる夜景を見たい人は是非。

✓ マドリッド
チェックポイント

世界三大美術館に数えられるプラド美術館をはじめとした観光、フラメンコや闘牛などのエンターテイメント、パエリアや炭火焼きなどのグルメ、ショッピング、本拠地とするサッカークラブ、レアル・マドリッドの試合観戦など、様々な楽しみ方ができるスペインの首都。

✗ イベリコ豚
食事

スペインのあるイベリア半島の南西部で飼育されている黒豚イベリア種。日本でも人気の生ハムは「ハモン・イベリコ」と言い、ステーキやサンドイッチで食べることも多い。ちなみにどんぐりを主に食べて育ったイベリコ豚は、ベジョータと呼ばれる高級品だ。

周辺情報
One more trip

近郊の世界遺産

マドリッドを起点として、「マドリードのエル・エスコリアル修道院とその遺跡」や「アルカラ・デ・エナレスの大学と歴史地区」、「アランフェスの文化的景観」、「セゴビア旧市街とローマ水道橋」、「サラマンカの旧市街」などの世界遺産に訪れることも可能だ。

バルセロナ

マドリッドからスペイン国鉄AVEで約2時間半の距離にある、スペイン第2の都市。サグラダファミリアやグエル公園など、建築家アントニオ・ガウディの世界遺産になった建築物が点在している。また、大道芸人が集まるランブラス通りも絶対に歩きたい。

61

TRIP 08　国の礎となった排水システム
オランダの草原に連なる風車群

「キンデルダイク・エルスハウトの風車群」 オランダ

Mill Network at Kinderdijk-Elshout / Netherlands

文化遺産

文化遺産	オランダの草原に連なる風車群

「キンデルダイク・エルスハウトの風車群」

ライン川下流の低湿地帯に位置する国、オランダ。海面より低い干拓地が国土の1/4を占め、長期に渡り排水に悩まされてきた歴史を持つ。そこで建設されたのが、オランダの代名詞でもある風車だ。かつては国内に10,000基を数え、干拓地の排水をはじめ、脱穀や製材、油搾りなど様々な用途に利用されてきた。それら多くは現代の動力にその役目を譲ったが、1,000基の風車が現存している。その中で、19基がまとまって並ぶ光景がオランダ第2の都市、ロッテルダムの南東約15kmの位置にある。キンデルダイクと呼ばれるその場所には、広々とした湿地の間を流れる川沿いに19基の風車が並び建っている。これらは18世紀に作られたもので、高さは約30m、風向きに合わせ360度回転する羽根が風を受けると、下部のポンプが水を汲み出し、次の風車へと流す。それが繰り返されることで、水は最終的に堤防を越え、川に排出される。その結果、湿地帯の水が減り耕作地を確保することができるという仕組みだ。

いくつかの風車には管理維持をする為に、現在でも人々が暮らし、その内部を見学することもできる。隔てる物がない大きな空、牧歌的な草原と風車が紡ぐ風景を、遊覧船から眺めたり、遊歩道から見上げたり。オランダの大地に凛と立ち、羽根を回し続ける世界遺産に出会う旅へ。

Travel Information: 08

文化遺産： **キンデルダイク・エルスハウトの風車群**
Mill Network at Kinderdijk-Elshout

 オランダ / Netherlands

WORLD MAP

いくらかかる？
How much?
9.7万円〜
<2泊5日／大人1名分の総予算>

■総予算内訳
※「旅の予算」は右頁「PLAN」の目安料金です。
□ 飛行機代
□ 宿泊費1名分(2名1室利用時)
□ 列車代(アムステルダム〜ロッテルダム・ロンバルダイン往復)、バス代(ロッテルダム・ロンバルダイン〜キンデルダイク往復)
□ 食事(朝2回)
□ 燃油サーチャージ

どうやって行く？
How to get there
約13時間
<片道の合計時間>
※空港等での待機時間含ます

日本からオランダの玄関口アムステルダムまで直行便が運行している。アムステルダムからは、ロッテルダム・ロンバルダイン(ロッテルダム乗り継ぎ)へ列車で約1時間の移動後、キンデルダイクまでバスで約40分の移動となる。成田〜アムステルダムは約11時間30分。

いつが安いの？
Low Cost Season
11月〜3月
<手頃なシーズン>

冬(11〜3月)でも最低気温がマイナスになることは希だが、1年を通じて比較的温度は低くどの時期でも長袖は必須だ。4、5月はオランダの代名詞でもあるチューリップが咲き乱れる最も華やかな時期となる。リーズナブルに行ける時期は11〜3月頃。

この旅のヒント
Hint!
風車の内部を見学したい場合は、オンシーズンに訪れよう。

◆7、8月には、19基の風車が稼働している様子を見学することができる。10〜3月はオフシーズンとなるが、凍り付く運河でスケートを楽しむ子どもなどを見かけることも。内部を公開している風車には、オンシーズンしか入ることができないので、事前に旅行会社などに確認しよう。
◆成田からアムステルダムまで直行便が運行しているが、アジアや中近東1都市などの乗り継ぎ便を利用することでよりリーズナブルに行ける場合が多い。航空券手配前に確認してみよう。

PLAN
プラン例／2泊5日

1日目	夜	成田発〜乗り継ぎ〜アムステルダムへ【機内泊】
2日目	午後	アムステルダム着【アムステルダム泊】
3日目	終日	キンデルダイク【アムステルダム泊】
4日目	午前	アムステルダム発〜乗り継ぎ〜成田へ【機内泊】
5日目	午後	成田着

CHECK!

✓ ロッテルダム　　　　　　　　　　　　　　　チェックポイント

近代的な高層ビルが建ち並び、ショッピングやアート、グルメなど様々な楽しみ方ができる街。かつて珈琲や紅茶、煙草などを製造していたファン・ネレ工場は、ふんだんにガラスを使って建造され、近代建築の発展に大きな影響を与えたとして2014年に世界遺産に登録された。

✓ アムステルダム　　　　　　　　　　　　　　チェックポイント

17世紀の雰囲気を残すオランダの大都市。多くの博物館や美術館、アンネの日記が綴られたアンネ・フランク・ハウスなど見所が多い。また洪水を防ぎ敵の侵入を食い止める為に築かれた堤防「アムステルダムのディフェンスライン」は世界遺産に登録されている。

✗ チーズ　　　　　　　　　　　　　　　　　　美味

チーズの輸出量が世界一多いオランダだけあって、風車で干拓した牧草地では酪農が盛んに行われている。ゴーダやエダムなど、豊富な種類が揃う本場のチーズはやはり美味。山羊乳チーズやスモークチーズも人気なので、味比べをしてみよう。

🛍 木靴　　　　　　　　　　　　　　　　　　ショッピング

現在では、安全靴の代用としてガーデニングなどをする際に履く人がいる程度だが、オランダを代表する伝統的な靴であり、人気のお土産だ。足をすっぽりと包むような形をした靴には、カラフルなデザインが描かれていて、置物にしてもかわいい。お気に入りの一足を探してみよう。

周辺情報　　　　　　　　　　　　　　　　　　　　　　　　　　　One more trip

デン・ハーグ

事実上の首都で国会議事堂や王宮など多くの政治機能が集中している街。ヨーロッパ最大の青空市場ハーグ・マーケットは500もの露店があり、歩いているだけでも楽しい。またショッピングセンターやアート、アンティークショップなども揃い、まさに買い物天国と言える。

TRIP 09 流れ着いた民が築いた町
中国山間部に佇む客家(ハッカ)建築

「福建の土楼」 中国
Fujian Tulou / China

文化遺産

文化遺産 中国山間部に佇む客家建築
「福建の土楼」

中国は福建省南部の山岳地帯に、土楼と呼ばれる建築物が点在する。四角形や五角形、ドーナツ、またはUFOのような形をしたそれらは、戦乱を逃れる為に移住してきた客家（よそ者を意味する）の人々が築いた集合住宅だ。

3～5階建ての外側は厚い壁のみ。住居はすべて内側に向いているという特殊な構造だ。そのような形になった理由は、先住の人々との軋轢から生じた争いに加え、山賊や獣から一族の身を護る為。土で固められた強固な外壁、ひとつしかない出入口、攻撃用の開口部……、それらは自己防衛を追求した結果生まれたものなのだ。

内部には住居の他に家畜スペースや食料庫、井戸水なども揃い、1年でも2年でも籠城可能と言われていた。しかし現在ではそのユニークな建築様式によって、また世界遺産に登録されたことも追い風となり、外敵ではなく旅人が訪れる建築物群になった。ほとんどの土楼では、いまだ人々の生活が営まれ、多い所ではひとつの土楼に80家族が暮らしている。

高い建築技術と、機能美を併せ持った集合住宅とも集落とも、または村とも呼べる福建の不思議な建築物を訪れる旅へ。

Travel Information: 09

文化遺産:
福建の土楼
Fujian Tulou

 中国 / China

WORLD MAP

いくらかかる?
How much?

9万円〜
<4泊5日／大人1名分の総予算>

■総予算内訳
※「旅の予算」は右頁「PLAN」の目安料金です。
□飛行機代
□宿泊費1名分(2名1室利用時)
□食事(朝2回)
□移動費・入場料
□燃油サーチャージ
※出入国税等を除く

どうやって行く?
How to get there

約9.5時間
<片道の合計時間>
※空港等での待機時間含まず

成田から中国沿岸の大都市廈門まで直行便が運行している。成田〜廈門は約4時間15分。廈門から福建土楼までは車で約5時間。

いつが安いの?
Low Cost Season

3月〜4月
11月〜12月
<手頃なシーズン>

福建省は中国の南部に位置している為、温暖な気候が特徴だ。1年を通じて訪問可能だが、夏(7〜9月)は最高気温が平均で30度を超え、冬(12〜3月)は温暖とは言え冷える。リーズナブルに行ける時期は3〜4月、11〜12月頃。

この旅のヒント
Hint!

土楼では街のホテルとは異なる雰囲気の中で宿泊体験ができる。

◆見応えのある土楼をいくつか紹介しているが、他にも大小様々な規模の土楼がある。「できるだけ多くの土楼を見たい」人や、「土楼を中心としながらも廈門も楽しみたい」人など、好みによって、宿泊場所を決めよう。本書では土楼のひとつである振成楼に宿泊することを前提としたが、他にも宿泊可能な土楼や施設があるので、旅行会社に相談しながら決めるのがベストだ。

PLAN
プラン例／4泊5日

1日目	終日	成田発〜厦門着、福建永定土楼に移動【永定泊】
2日目	終日	福建永定土楼（振成楼）【永定土楼泊】
3日目	終日	福建漳州土楼（田螺杭土楼）【漳州土楼泊】
4日目	午前	厦門に移動
	午後	厦門【厦門泊】
5日目	午前	厦門
	午後	厦門発〜成田着

CHECK!

✓ 田螺杭土楼群 （でんらこう）
チェックポイント

山の中腹、海抜800mの山間部にある土楼群。正方形の土楼を3つの円形と1つの楕円形の土楼が囲むという珍しい景観が特徴だ。展望台から見ると、周囲に広がる棚田とのコラボレーションがとても美しい。

✓ 振成楼
チェックポイント

同心円の二重の土楼で、4階建て。直径は57.2m。1,900年代初頭に、裕福なタバコ販売業者の子孫により建てられたもの。新しい土楼の為、内部に建つ祖廟には西洋の影響を見ることができる。旅行者が宿泊することも可能だ。

✓ 厦門 （あもい）
チェックポイント

沿岸部にある大都市。華僑の故郷としても有名。フェリーで約10分の沖合に浮かぶ東西建築が並ぶコロンス島や厦門市街と厦門湾を一望できる日光岩、1,000年の歴史を持つ南普陀寺など見所が多い。また中華料理はもちろん、ショッピングやマッサージなども楽しめる。

✗ 客家料理
食事

中国八大料理のひとつ。国境を超え、大規模な集団移住をしてきた客家は、台湾やインドネシアにまで広がっている。乾物や漬物など保存の効く食材や土地ごとに採れる天然素材を多用し、塩味辛味酸味など濃い味付けが共通する特徴だ。

周辺情報
One more trip

泉州 （せんしゅう）

厦門から車で約2時間。かのマルコポーロが口述した東方見聞録で第2のベネチアとしてその繁栄を称えた町。海のシルクロードの拠点だったことでも知られ、海上交易の中心地だった歴史ある町並みが残っている。

73

TRIP 10　陽の沈まない帝国が築いた離宮
ハプスブルク家の栄華を伝える宮殿と庭園

「シェーンブルン宮殿と庭園群」オーストリア
Palace and Gardens of Schonbrunn / Austria

文化遺産

| 文化遺産 | 陽の沈まない帝国が築いた離宮 |

「シェーンブルン宮殿と庭園群」

オーストリア東部に位置する首都ウィーンは、音楽の都と呼ばれている。モーツァルトやベートーヴェン、シューベルトなど偉大な作曲家たちが暮らし、数々の名曲を誕生させた地だ。現在でもウィーン交響楽団やウィーンフィルハーモニー管弦楽団など世界最高レベルの音楽家が集い、その音色が止むことはない。

13〜19世紀初頭までの640年もの間、ハプスブルク家は中世ヨーロッパを統治し、その勢力から「陽の沈まない帝国」と表現されていた。その歴代皇帝の夏の離宮だったのが、世界遺産「シェーンブルン宮殿と庭園群」だ。歴代の皇帝によって増改築された宮殿は、18世紀中頃に女帝マリア・テレジアによって現在の壮麗な建物となった。1,600㎢もの広大な敷地に建つ宮殿は、建物の端から端まで180mあり、1,441室もの部屋がある。ロココ調で装飾された内部には、彫刻や絵画など数々の芸術が溢れている。見所は多くあるが、日夜舞踏会や晩餐会が開かれた大ギャラリーや、6歳のモーツァルトがマリア・テレジアの前で演奏した鏡の間、晩年のマリア・テレジアが愛した東洋趣味の漆の間は特に有名だ。広大なバロック式の庭園には、幾何学的に構成された花壇や菩提樹の生け垣、世界最古の動物園、迷路庭園、温室などが整然と配置されている。また、庭園の小高い丘に建つグロリエッテという建物の展望テラスには必ず訪れたい。宮殿と庭園が一望できる絶景スポットだ。
ウィーンに花開いたハプスブルク家の栄華。現在までその姿をほとんど変えることなく継承されてきた豪華絢爛な空間に足を踏み入れてみよう。

Travel Information: 10

文化遺産:
シェーンブルン宮殿と庭園群
Palace and Gardens of Schonbrunn

 オーストリア / Austria

WORLD MAP

いくらかかる?
How much?

9.4万円〜
<2泊5日／大人1名分の総予算>

■総予算内訳
※「旅の予算」は右頁「PLAN」の目安料金です。
□飛行機代
□宿泊費1名分(2名1室利用時)
□食事(朝2回)
□シェーンブルン宮殿入場付きウィーン市内観光ツアー代
□燃油サーチャージ

どうやって行く?
How to get there

約12時間
<片道の合計時間>
※空港等での待機時間含みます

成田からオーストリアの玄関口ウィーンまで直行便が運行している。成田〜ウィーンは約11時間45分。ウィーン中心部からシェーンブルン宮殿までは、電車で約15分の移動となる。

いつが安いの?
Low Cost Season

11月〜3月
<手頃なシーズン>

オーストリアでは5〜9月が暖かい時期だが、夏場でも朝晩は冷える為、羽織る物が必要だ。また他の時期は寒さが厳しい為、スキーなどのウィンターアクティビティが中心のシーズンとなる。リーズナブルに行ける時期は11〜3月頃。

この旅のヒント
Hint!

リーズナブルに行ける場合が多い、乗り継ぎ便を手配前に確認しよう。

◆宮殿内はカメラやビデオの持ち込みが禁止されているが、庭園は許可されている。グロリエッテから宮殿と庭園をカメラに収めるのは問題ない。
◆宮殿のオランジェリーでは夜に1時間30分程のコンサートが開催される。モーツァルトやシュトラウスなどの音色を堪能できる。
◆成田からウィーンまで直行便が運行しているが、乗り継ぎ便を利用することでよりリーズナブルに行ける場合が多い。航空券手配前に確認してみよう。

PLAN
プラン例／2泊5日

1日目	夜	成田発〜乗り継ぎ〜ウィーンへ【機内泊】
2日目	午後	ウィーン着【ウィーン泊】
3日目	終日	シェーンブルン宮殿【ウィーン泊】
4日目	午後	ウィーン発〜乗り継ぎ〜成田へ【機内泊】
5日目	夕方	成田着

CHECK!

シェーンブルン宮殿
チェックポイント

1,441部屋の内、公開されているのはおよそ40。庭園を含め、じっくり巡れば丸1日滞在できてしまう程見応えがある。ちなみに、3、4階は賃貸住宅になっており、宮殿が住居という羨ましい人々がいる。また、一部はホテルとして改装されている為、宿泊も可能だ。

ウィーン
チェックポイント

音楽の都と同時に、芸術の都とも言われている。多くの美術館がある中で、ハプスブルク家のコレクションを展示している美術史美術館はオススメだ。また、世界遺産に登録されている旧市街では、作曲家縁の地やショッピングストリートであるケルンテン通りを歩きたい。

ウィーン菓子
食事

ハプスブルク家が統治した各地の菓子を、ウィーンの職人たちが改良した歴史を持つ。一見地味だが味わい深いのが特徴で、中でもチョコ生地の上にチョコクリームを重ねたザッハトルテは有名だ。お気に入りのスイーツを探してカフェ巡りを楽しみたい。

周辺情報
One more trip

ゼーグロッテ

ウィーンの南西約17kmの場所に位置するヨーロッパ最大の地底湖。かつて石灰岩の採掘地だったが、20世紀初頭に大量の地下水が噴出したことによって、現在の姿になった。小型ボートに乗って、暗闇に浮かび上がる地底湖を探検してみよう。

バッハウ渓谷

オーストリアにも流れる全長約3,000kmのドナウ川。その流域約36kmの間に、古い城や修道院が点在している。その美しさと文化的景観から世界遺産に登録され、遊覧船ツアーが多く催行されている。中世の面影が残る史跡を、水面から眺めよう。

TRIP 11
鍾乳洞に広がる神秘の世界
世界最長の地下河川

「プエルト・プリンセサ地下河川国立公園」フィリピン
Puerto-Princesa Subterranean River National Park / Philippines

自然遺産

| 自然遺産 | 世界最大の地下河川
「プエルト・プリンセサ地下河川国立公園」 |

東南アジアに位置する、7,000以上もの島からなる群島国家フィリピン。その南西に浮かび、熱帯雨林を抱くパラワン島は、「フィリピン最後の秘境」と呼ばれている。

島の中央部にある港町プエルト・プリンセサの北、約50kmの距離に佇むセント・ポール山地。プエルト・プリンセサ地下河川は、その地下に流れている。鍾乳洞を流れるその川は、全長8.5kmを誇り、世界一長い地下河川として知られている。この川は地下を通り、マングローブが生い茂る河口から南シナ海へと流れ出る。淡水と海水が混じり合う河口周辺は、パラワンヤマアラシやクジャク、オオトカゲなどの稀少な森の生物から、エイやジュゴンなどの海の生き物など多種多様の生物が生息する貴重なエリアとなっている。

ライフジャケットとヘルメットを装着し、小型のボートで地上に口を開けた鍾乳洞の中へ入ると、全身をひんやりとした空気が包む。真っ暗闇の中で左右に蛇行する川を、ライトの光を頼りに進んでいく。途中には、高さ約60m、幅120mという畏怖を感じるほどの大空間が広がったり、鋭利な形をした岩や、中には蝋燭やマッシュルームのような不思議な形をした岩、そして滑らかな曲線を描く岩肌などが目を楽しませてくれたりする。ツアーでは鍾乳洞内の約1.5kmをボートで往復するのだが、懐中電灯に照らされ幻想的な雰囲気に満ちた鍾乳洞内は、時折コウモリが飛び交い、地上とは全く異なる別世界が広がる。

まさに探検家さながらの気分を体験できる世界遺産の旅へ。

Travel Information: **11**

自然遺産: **プエルト・プリンセサ 地下河川国立公園**
Puerto-Princesa Subterranean River National Park

 フィリピン / Philippines

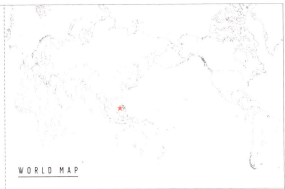
WORLD MAP

いくらかかる？ How much?
7.8万円〜
<2泊3日／大人1名分の総予算>

■総予算内訳
※「旅の予算」は右頁「PLAN」の目安料金です。
- □飛行機代
- □宿泊費1名分(2名1室利用時)
- □食事(朝2回)
- □プエルト・プリンセサ地下河川公園ツアー代
- □環境税
- □燃油サーチャージ

どうやって行く？ How to get there
約9時間
<片道の合計時間>
※空港等での待機時間含みます

日本からフィリピンの玄関口マニラまで直行便が運行している。マニラからプエルト・プリンセサへは国内線で移動する。成田〜マニラは約4時間30分、マニラ〜プエルト・プリンセサは約1時間15分。地下河川公園へは、プエルト・プリンセサ市街から車で約3時間。

いつが安いの？ Low Cost Season
5月〜6月
9月〜11月
<手頃なシーズン>

乾期(12〜5月)、雨期(6〜11月)に分かれている。1年を通じて平均気温は27度前後となり、どの時期に訪れても暑さ対策が必要となる。リーズナブルに行ける時期は5〜6月、9〜11月頃。

この旅のヒント Hint!
地下河川公園ツアーは予約制なので日本を出発前に手配を完了しよう。

◆プエルト・プリンセサ地下河川公園ツアーは予約制になっている。事前の予約は、旅行会社を通して行うのが通常なので、日本出発前には手配を完了させておこう。
◆ボートに乗り降りする際に少々濡れるので、短パン、サンダルで参加しよう。

PLAN
プラン例／2泊3日

1日目	終日	成田発〜マニラ乗り継ぎ〜プエルト・プリンセサ着【プエルト・プリンセサ泊】
2日目	終日	プエルト・プリンセサ【プエルト・プリンセサ泊】
3日目	終日	プエルト・プリンセサ発〜マニラ乗り継ぎ〜成田着

CHECK!

✓ プエルト・プリンセサ地下河川国立公園　　チェックポイント

サバンという村から小型ボートで地下河川の入り口に向かい、手漕ぎボートに乗り換えて洞窟内へと入って行く。通常、ツアーは1時間弱の行程となり、鍾乳洞内ではガイドが懐中電灯で周囲を照らしながら説明をしてくれる。

✓ プエルト・プリンセサ　　チェックポイント

ホンダ湾に面した港湾都市。街の周辺の海でもダイビングやアイランドホッピング、シュノーケリング、カヤックなどのアクティビティを楽しめる。また、珊瑚などの海洋生物が多様なことで世界遺産に登録されているトゥバタハ岩礁自然公園行きのクルーズ船の発着場でもる。

カシューナッツ

パラワン島の特産物で、土産屋でも簡単に見つけることができる。亜鉛を多く含み疲労回復にも役立つとされているので、移動中のおやつにもいい。また、フィリピン土産としてポルボロンというカシューナッツの入ったお菓子もオススメの一品だ。

周辺情報　　　　　　　　　　　　　　　　　　　　　　　　　　One more trip

エルニド

島の北側にある町で、沖合に浮かぶエルニド諸島への玄関口でもある。周辺には1島1リゾートが点在し、日常を忘れられるプライベートリゾートを楽しむことができる。秘境中の秘境ともされるこの地域はダイバーにも人気のエリアで、多くの稀少生物に出会うことも可能だ。

マニラ

ルソン島の中西部にあるフィリピンの首都。世界有数の大都市で、世界遺産のサン・オウガスチン教会、スペイン風のカーサ・マニラ博物館、ショッピングエリアのマカティ地区、高級ホテルやレストランがあるエルミタ地区など観光名所も多い。

TRIP 12　幾多の言葉が捧げられた街
　　　　時代の変遷を映す、千年の都

「プラハ歴史地区」チェコ
Historic Centre of Prague / Czech Republic

文化遺産

| 文化遺産 | 時代の変遷を映す、千年の都
「プラハ歴史地区」 |

ドイツやポーランド、スロバキア、オーストリアに囲まれたヨーロッパの内陸国、チェコ。その首都が、「黄金の都」「北のローマ」「百塔の街」「千年の都」など、幾多もの言葉で称されているプラハだ。建築博物館とも呼ばれ、ロマネスクやゴシック、ルネッサンス、バロック、アールヌーヴォーからモダンまで、様々な建築様式の建物を見ることができる。中世から現代へと続く、ヨーロッパの歴史の変遷を表す街なのだ。

街全体が世界遺産に登録されているプラハには、いくつもの見所がある。中でも最大のハイライトが、ブルタバ川沿いにそびえ建つプラハ城だ。9世紀から建築が始まり、長い年月をかけて増改築が行われ、聖ヴィート教会や、旧王宮、修道院、庭園など、いくつもの建造物が並んでいる。加えて、黄金の小路も見逃せない。錬金術師が暮らしていた当時の趣を残す家が軒を連ね、現在では土産屋などが並ぶ路地だ。また、この城がライトアップされ一層その美しさを増す夜も必ず訪れたい。プラハに現存する中で最古のカレル橋の欄干には、30体の聖人の彫像が並ぶ。中には、キリスト教を日本に布教したフランシスコ・ザビエルの像もある。ブルタバ川に架かり、無数の人々が往来した歴史ある橋なのだ。他にも飲食店が集中する旧市街広場、火薬塔、カレル大学、黒い聖母の家など、多くの歴史的建造物が存在するプラハ。

「一度訪れた旅人が、必ず再訪を誓う」とも言われる、ロマンチックな雰囲気に満ちた中世の街にタイムスリップする旅へ。

Travel Information: 12

文化遺産:
プラハ歴史地区
Historic Centre of Prague

 チェコ / Czech Republic

WORLD MAP

いくらかかる?
How much?
9.6万円～
<3泊6日／大人1名分の総予算>

■総予算内訳
※「旅の予算」は右頁「PLAN」の目安料金です。
□飛行機代
□宿泊費1名分(2名1室利用時)
□食事(朝3回)
□燃油サーチャージ

どうやって行く?
How to get there
約15.5時間
<片道の合計時間>
※空港等での待機時間含みます

成田からチェコまで直行便は運行していない。プラハへはウィーンやイスタンブールなどヨーロッパ1都市を乗り継いで行くことが一般的だ。成田～イスタンブールは約13時間、イスタンブール～プラハは約2時間30分。

いつが安いの?
Low Cost Season
11月～3月
<手頃なシーズン>

1年を通して楽しめる街で、春と夏がハイシーズンになる。一方で、雪景色に染まり煙突から白い煙を上げる、ヨーロッパならではの冬景色が広がる時期(12～2月)も風情がある。リーズナブルに行ける時期は11～3月頃。

この旅のヒント
Hint!
昼夜を問わず比較的治安がいい街だがスリや置き引きには注意しよう。

◆街中は徒歩移動が基本となる。道の大半は石畳になっているので、歩きやすい靴で訪れよう。
◆日中、夜間と比較的治安がいい街だが、スリや置き引きなどもある。特に1人歩きする際は、十分に注意しよう。

PLAN
プラン例／3泊6日

1日目	夜	成田発〜イスタンブール乗り継ぎ〜プラハへ【機内泊】
2日目	朝	プラハ着
	終日	プラハ【プラハ泊】
3日目	終日	プラハ【プラハ泊】
4日目	終日	プラハ【プラハ泊】
5日目	午前	プラハ
	午後	プラハ発〜イスタンブール乗継ぎ〜成田へ【機内泊】
6日目	午後	成田着

CHECK!

✓ 聖ヴィート教会
チェックポイント

プラハ城内に佇む、チェコ最大の教会。10世紀に原型が築かれ、14世紀に現在のゴシック様式の建造物になった。最大の見所は、その内部にあるステンドグラス。チェコ生まれの天才デザイナー、ミュシャが手掛けたもので、豊かな色彩を楽しむことができる。

✓ マラー・ストラナ
チェックポイント

プラハ城の南に広がる城下町で、旧市街に次いで古い歴史を持つ地域。18世紀の街並みや庭園などを楽しめる。また約300段の階段でペトシーンの丘に登れば、幾多もの塔や宮殿などが建つ、プラハの街並みを一望できる。プラハの絶景スポットにも是非訪れよう。

✕ ビール
食事

世界中で主流となっているピルスナーと呼ばれる黄金色のビール。これは、19世紀にプラハ近郊の町プルゼニで誕生した。ホスポダを訪れ、地元の人々と共に元祖とも言うべきビール「ピルスナー・ウルケル」を飲む。そんなチェコの夜を過ごそう。

周辺情報
One more trip

チェスキー・クルムロフ

プラハから南へ車で約3時間に位置する、プラハ以上に中世の町並みがそのまま残る町。S字型に流れるブルタバ川に沿って建ち並ぶオレンジ色の屋根を乗せた家々が美しい。どこを切り撮っても絵になる素敵な町だ。

ウィーン

プラハから車で約3時間30分に位置する隣国オーストリアの首都。モーツァルトやベートーベンなど歴史的音楽家を輩出した芸術溢れる華麗なる都。オーストリア皇帝ハプスブルク家の夏の離宮「シェーンブルン宮殿」と「ウィーン歴史地区」は必見。

TRIP 13　東西を紡いだ、文明の十字路
　　　　　歴史の変遷を伝える街

「イスタンブール歴史地域」トルコ
Historic Areas of Istanbul / Turkey

文化遺産

|文化遺産| 歴史の変遷を伝える街
「イスタンブール歴史地域」

　北は黒海、南は地中海に通じるマルマラ海に面する国トルコ。その北西部に位置するのが、同国最大の都市イスタンブールだ。この街を縦断するボスポラス海峡の西側はヨーロッパ、東側はアジアとなり、東西の文化が融合した街としても知られ、文明の十字路と呼ばれている。ローマ、ビサンツ、オスマンと3つの帝国の首都として歴史を歩んできたこの街には、各時代の建造物が多く残っている。その為、イスタンブールの広大な範囲が世界遺産に登録されているのだ。
　イスタンブールの象徴として知られるアヤソフィアは、ビサンツ帝国時代はキリスト教の大聖堂、オスマン帝国時代にはイスラム教のモスク、そして現在は博物館として使用されているものだ。色ガラスを使って描かれたキリストのモザイク画は、オスマン帝国時代に漆喰で塗り潰されたものの、現在は修復され見ることができる。当時の技術力の高さ、そして美しさを目に焼き付けたい。
　また、スルタンアフメットジャーミーも見逃せない。ミナレットと呼ばれるモスクを囲む塔が、世界で唯一6本(通常は4本)もあるのが大きな特徴で、内外共に芸術性に富んでいる。青のタイルを多用していることから、ブルーモスクの名でも呼ばれているものだ。他にも、かつてオスマン帝国の君主が居住し、現在は世界屈指の博物館として知られるトプカプ宮殿、地下に広がるローマ時代の貯水池など、いくつもの歴史的建造物に出会えるイスタンブール。東洋と西洋の境界に位置することから、文化、習慣が混じり合い、独特の魅力を放つ街で、世界遺産に触れる旅へ。

Travel Information: 13

文化遺産:
イスタンブール歴史地域
Historic Areas of Istanbul

 トルコ / Turkey

WORLD MAP

いくらかかる？
How much?
8.4万円〜
<3泊5日／大人1名分の総予算>

■総予算内訳
※「旅の予算」は右頁「PLAN」の目安料金です。
□飛行機代
□宿泊費1名分(2名1室利用時)
□食事(朝3回)
□燃油サーチャージ

どうやって行く？
How to get there
約12.5時間
<片道の合計時間>
※空港等での待機時間含みます

成田からイスタンブールまで直行便が運行している。成田〜イスタンブールは約12時間15分。

いつが安いの？
Low Cost Season
11月〜3月
<手頃なシーズン>

日本と同様に四季があるが、夏と冬が長い。夏(6〜9月)が乾期、冬(11〜3月)が雨期となる。リーズナブルに行ける時期は11〜3月頃。

この旅のヒント
Hint!
比較的戒律が緩いが、イスラム教徒が多いので上着を1枚持参しよう。

◆イスタンブールにはタクシーが多いので、自身で周遊することも比較的簡単だ。また見所は旧市街に集中しているので、そこを中心に歩いてみよう。
◆イスラム教徒が多い国だが、戒律は比較的緩い。しかし宗教施設などを訪れる場合は肌の露出を抑えた服装で訪れる方が無難。上着を1枚持参していこう。

PLAN
プラン例／3泊5日

1日目	終日	成田発〜イスタンブール着【イスタンブール泊】
2日目	終日	イスタンブール【イスタンブール泊】
3日目	終日	イスタンブール【イスタンブール泊】
4日目	午前	イスタンブール
	午後	イスタンブール発〜成田へ【機内泊】
5日目	午前	成田着

CHECK!

✓ イスタンブール
チェックポイント

数々の歴史的建造物に加えて訪れたいのが、カパル・チャルシュという世界最大の屋根付き市場。グランドバザールと呼ばれるこの市場には、4,000軒以上もの店が並び、金細工や絨毯、帽子、靴、鞄など多種多様な物が売られている。お気に入りの一品を見つけてみよう。

✕ トルコ料理

世界三大料理に数えられているトルコ料理。日本でも多く見られる肉の串焼き「ケバブ」や羊や牛などの肉を使ったトルコ風ハンバーグ「キョフテ」、レンズ豆のスープなど、どれも日本人の口にも合いやすい味だ。街を歩いて、本場の味を楽しもう。

✕ ドンドルマ

トルコを代表するアイス、ドンドルマ。粘りがあり、とてもよく伸びるのが大きな特徴だ。しかし街中にはイタリアンジェラートのような伸びないものを取り扱う店も多いので、「マラシュ・ドンドルマ（伸びるアイス）」と言って、探してみよう。

周辺情報
One more trip

パムッカレ

イスタンブールから国内線で約1時間30分の場所に位置する世界遺産。綿の城という意味を持つパムッカレには、真っ白な石灰棚が広がっている。湧き出る温泉に足を入れながら楽しむことができるトルコの名所。近郊にはローマ帝国時代の遺跡も残っている。

カッパドキア

イスタンブールから国内線で約1時間の場所に位置する世界遺産。世界最大規模の奇岩が無数に存在する絶景が広がっている。日帰りで訪れることも可能だが、見所が点在しているので、可能であれば1泊2日で訪れたい。宿泊はカッパドキア特有の洞窟ホテルがオススメ。

TRIP 14 戯曲「ハムレット」の舞台
デンマークの王家を語る古城

「クロンボー城」デンマーク
Kronborg Castle / Denmark

文化遺産

| 文化遺産 | デンマークの王家を語る古城
「クロンボー城」

北欧諸国のひとつであるデンマークは、大小400以上もの島々で構成されている国だ。最も大きな島シェラン島は、玄関口となる首都コペンハーゲンを擁し、また人魚姫の像やカラフルな建物が並ぶ港町ニューハウン、アマリエンボー宮殿などの見所を抱いている。その北東部に位置する町ヘルシンゲルに、世界遺産クロンボー城は佇む。この城は、15世紀に海峡の通行税を徴収するための砦として造られたものだ。そして16世紀以降に繰り返された増改築によって、現在の姿に近づくことになった。

17世紀に火災で焼失したことをはじめ、スウェーデンに攻められ落城したり、王妃が幽閉されたり、軍の基地司令部に使用されたり……と、デンマークの数々の歴史の舞台になってきたクロンボー城。レンガで造られた重厚で風格が漂う建物は、北欧ルネサンスの傑作と謳われている。北棟は天井画が素晴らしい王の間、西棟は大きなタペストリーが印象的な王妃の間、東棟は王族の部屋と厨房、南棟は厳かで豪華な教会がある。また、舞踏会や宴会が行われた、北欧一大きなホール「騎士の間」には、大きな油絵がいくつも飾られている。そして薄暗い地下牢にある伝説の巨人ホルガー・ダンスクの座像は、デンマークが存続の危機に面した際に救ってくれると言われているものだ。

ウィリアム・シェイクスピアの戯曲「ハムレット」の舞台になったことで知られるこの城で、デンマークが遭遇してきた歴史のドラマにふれてみよう。

Travel Information: 14

文化遺産：
クロンボー城
Kronborg Castle

🇩🇰 デンマーク / Denmark

WORLD MAP

いくらかかる？
How much?

11万円〜
<3泊5日／大人1名分の総予算>

■総予算内訳
※「旅の予算」は右頁「PLAN」の目安料金です。
□ 飛行機代
□ 宿泊費1名分(2名1室利用時)
□ クロンボー城入場料
□ コペンハーゲン市内の公共交通機関24時間チケット
□ 食事（朝3回）
□ 燃油サーチャージ

どうやって行く？
How to get there

約12.5時間
<片道の合計時間>
※空港等での待機時間含ます

日本からコペンハーゲンまで直行便が運行している。成田〜コペンハーゲンは約11時間25分。コペンハーゲンからクロンボー城までは電車で約1時間。

いつが安いの？
Low Cost Season

11月〜3月
<手頃なシーズン>

高緯度に位置している為、平均気温は5〜9月が10度台、10〜4月が一桁と低い。6〜8月で天気の良い日は半袖でも観光できるが、その他の時期は防寒具が必要となる。リーズナブルに行ける時期は11〜3月頃。

この旅のヒント
Hint!

公共交通機関を多用して移動する場合はコペンハーゲンカードが便利。

◆空港などで購入できるコペンハーゲンカードというものがある。公共交通機関や博物館、美術館などの入場が無料になるものだ。4ヶ所以上を巡る予定だったり、公共交通機関を多用してコペンハーゲンを移動したりする場合はお得なので、購入を検討してみよう。

PLAN
プラン例／3泊5日

1日目	午前	成田発〜乗り継ぎ〜コペンハーゲン着【コペンハーゲン泊】
2日目	終日	クロンボー城【コペンハーゲン泊】
3日目	終日	コペンハーゲン【コペンハーゲン泊】
4日目	午前	コペンハーゲン発〜乗り継ぎ〜成田へ【機内泊】
5日目	午前	成田着

CHECK!

✓ コペンハーゲン
チェックポイント

シェラン島の東部に位置している。港町ニューハウンにはレストランやカフェが軒を連ね、歩行者天国ストロイエはショッピングに最適だ。地下の宝物殿を見学できるローゼンボー宮殿、衛兵交代を見られるアマリエンボー宮殿、街を一望できるラウンドタワーなどもオススメだ。

✗ オープンサンドイッチ

現地では、スモーブローと呼ばれる。ライ麦パンの上にスモークサーモンやエビなどの魚介類やローストビーフなどの様々な肉類、卵、野菜などをたっぷりと乗せ、ナイフとフォークで食べるという料理。中には、100種類以上のトッピングを選択できる専門店もある。

🏠 デンマーク土産

世界的にも人気がある北欧デザインの日用雑貨やインテリア。色や柄、形など多種多様で、見ているだけでも楽しめる。また、ロイヤルコペンハーゲンやイルムス、ボダムなど日本でも有名なブランドの本場でもあるので、デパートや街を歩きお気に入りを見つけよう。

周辺情報
One more trip

ロスキレ大聖堂

コペンハーゲンから西に約30kmの距離に位置する、デンマーク最古の都市ロスキレにある大聖堂。15世紀から現在まで続く、歴代の国王や王妃などデンマーク王室の霊廟にもなっている。赤レンガで造られた大きな建物で800年もの歴史を持ち、世界遺産に登録されている。

フュン島

シェラン島の隣に浮かぶ島で、デンマーク第二の都市オーデンセがある。近代的な都市の一方で中世の面影を残す街が残る。また、『親指姫』や『人魚姫』、『裸の王様』などの代表作で知られる童話作家アンデルセンの故郷としても知られ、アンデルセン博物館もある。

TRIP 15　微笑みの国に息づく古都
かつての栄華を伝える美しき廃墟

「古都アユタヤ」タイ
Historic City of Ayutthaya / Thailand

文化遺産

文化遺産

かつての栄華を伝える美しき廃墟

「古都アユタヤ」

タイの首都バンコクより北に約72km。チャオプラヤー川とその支流に囲まれた地には、かつて国際貿易都市として繁栄を遂げたアユタヤ王朝があった。中国やペルシャ、果てはヨーロッパなどとの貿易で得た莫大な利益は、豪華絢爛な400の寺院、1万の仏像などに姿を変え、王朝の栄華を支えた。しかし14世紀から400年にも及んだその歴史は、隣国ビルマ(現在のミャンマー)の侵攻によって幕が引かれることになった。大部分は破壊されてしまったが、現在では"美しき廃墟"としてその姿を残している。

高さ72mを誇る仏塔ワットヤイチャイモンコン、切り落とされた仏像の頭部が木の根に取り込まれたワットマハタート、3基の仏塔が並ぶ最重要寺院ワットプラスィーサンペット、横たわる長さ約29mもの涅槃仏ワットロカヤスタなど、仏教徒でなくとも手を合わせてしまう程、神々しさを感じられる見所が随所にある。また、多くの場所で目に映る、頭部が無い仏像の数々は、ビルマ侵攻時に切り落とされたものと言われている。痛ましいその姿は、アユタヤが歩んだ悲しい歴史をもの語り、一層神秘的なものにしている。

熱帯の風を肌で感じながら、遺跡群を見渡せば、諸行無常の響きを感じられるだろう。

107

Travel Information: 15

文化遺産：
古都アユタヤ
Historic City of Ayutthaya

タイ / Thailand

WORLD MAP

いくらかかる？
How much?

6万円～
<3泊4日／大人1名分の総予算>

■総予算内訳
※「旅の予算」は右頁「PLAN」の目安料金です。
□飛行機代
□宿泊費1名分（2名1室利用時）
□バンコク寺院観光とアユタヤ遺跡ツアー代
□食事(昼1回、夕1回)含む
□燃油サーチャージ

どうやって行く？
How to get there

約8.5時間
<片道の合計時間>
※空港等での待機時間含まず

日本からタイの玄関口バンコクまで直行便が運行している。バンコクからアユタヤへは、車か列車、又は船で行くことになる。成田～バンコクは約7時間。バンコクからアユタヤまでは、車で1時間強。

いつが安いの？
Low Cost Season

9月～11月
1月～3月、6月
<手頃なシーズン>

1年を通じてとても日射しが強い。11～3月が乾期となり、3～5月は酷暑が続き、5～10月は雨期となる。リーズナブルに行ける時期は9 ～ 11月、1～3・6月頃。

この旅のヒント
Hint!

宗教施設に入場する際は、ショートパンツやサンダルは避けよう。

◆アユタヤに限らず、バンコクにおいても宮殿などでは肌の露出が多いと入場できない。訪問を予定する場合は、ショートパンツやサンダルは避けよう。

PLAN
プラン例／3泊4日

1日目	終日	成田発〜バンコク着【バンコク泊】
2日目	終日	アユタヤ遺跡【バンコク泊】
3日目	終日	バンコク【バンコク泊】
4日目	終日	バンコク発〜成田着

CHECK!

☑ 古都アユタヤ   チェックポイント

先述した遺跡に加え、アユタヤ王朝の初期に建立された寺院ワットプララーム、かつて大部分が破壊されたが修復によりその姿を見事に復元させたワットチャイワッタナラーム、歴代の王たちが夏季を過ごしたバンパイン宮殿なども見所として知られている。

☑ バンコク   チェックポイント

アジアを代表するメガシティ。高層ビルが立ち並ぶ一方、軒下には屋台が連なる。ワットプラケオやワットポーなど数えきれない寺院や王宮等をはじめ、巨大ショッピングセンターがあるサイアムスクエアやカオサン通り、チャイナタウンなど見所満載だ。

☑ バンコクの夜   チェックポイント

眠らない街としても知られるバンコク。雑貨や衣料品を冷やかしたり、ひしめき合う屋台で食事をしたりできるナイトマーケットには、是非足を運びたい。また豪華絢爛な美が舞うニューハーフショーや迫力満点のムエタイ観戦などもオススメだ。

☒ タイ料理

日本でも人気のタイ料理。唐辛子や胡椒の辛味とレモンやライムの酸味、パクチーなどの香菜にナンプラーの旨味が加わる。世界三大スープのトムヤムクン、豚肉や鶏肉など豊富な食材とスパイスで作るレッド・イエロー・グリーンのカレーは、是非本場でも味わいたい。

周辺情報   One more trip

ダムヌンサドゥアック水上マーケット

バンコク郊外で見ることができる伝統的な水上市場。網目状に張り巡らされた運河では、生鮮食品やお菓子、日用雑貨など様々な物を積んだ小船が行き交っている。運河沿いには、土産物屋や食堂もある。

TRIP 16　世界遺産の宝庫
　　　　美しきロシア最後の帝都

「サンクト・ペテルブルク歴史地区と関連建造物群」ロシア
Historic Centre of Saint Petersburg and Related Groups of Monuments / Russia

文化遺産

| 文化遺産 | 美しきロシア最後の帝都 |

「サンクト・ペテルブルク歴史地区と関連建造物群」

日本の約45倍もの広大な面積を持つ、世界一大きな国ロシア。その北西部、バルト海へと通じるネバ川の河口に、モスクワに次ぐロシア第二の都市サンクト・ペテルブルクがある。かつて沼地だったこの地は18世紀、ピョートル一世のロシアを西洋化する野望によって築かれた。

街には運河が縦横に張り巡らされ、徹底的にヨーロッパを意識して建てられた荘厳な建築物の数々によって「北のベニス」と呼ばれている。

サンクト・ペテルブルク歴史地区に加え、周辺に点在する多数の建造物が世界遺産に登録され、全体が博物館と言えるような街並みが広がっている。フランスのルーブル、アメリカのメトロポリタンと並び世界三大美術館のひとつとして数えられるエルミタージュ美術館や、玉ねぎのような形をした屋根を持つ血の上の救世主教会、1万人以上も収容できる大規模なイサク大聖堂などは外せない見所だ。金色の尖塔が特徴的な旧海軍省から、アレクサンドルネフスキー大修道院まで延びる全長約5kmのネフスキー大通りが街の中心地。この通りを起点に街歩きを楽しもう。

まさに世界遺産の宝庫とも言えるサンクト・ペテルブルク。『罪と罰』や『白痴』などを発表したドストエフスキーなど多くの文学者を輩出した文化都市でもあるこの街には、歴史や文化、芸術が凝縮されている。

Travel Information: 16

文化遺産: **サンクト・ペテルブルク歴史地区と関連建造物群**
Historic Centre of Saint Petersburg and Related Groups of Monuments

ロシア / Russia

WORLD MAP

《いくらかかる?》
How much?

9.8万円〜
<2泊5日/大人1名分の総予算>

■総予算内訳
※「旅の予算」は右頁「PLAN」の目安料金です。
□ 飛行機代
□ 宿泊費1名分(2名1室利用時)
□ 食事(朝2回)
□ 燃油サーチャージ

《どうやって行く?》
How to get there

約17時間
<片道の合計時間>
※空港等での待機時間含みます

日本からサンクト・ペテルブルクまで直行便は運行していない。アラブ首長国連邦のドバイや、フィンランドのヘルシンキ、ロシアのモスクワなどで乗り継いで行くのが一般的だ。成田〜ドバイは約10時間50分、ドバイ〜サンクトペテルブルクは約6時間。

《いつが安いの?》
Low Cost Season

11月〜3月
<手頃なシーズン>

5〜9月は最高気温が2桁になるが、その他の時期は日中でも1桁の気温、また12〜2月は0℃以下となる。6〜8月以外に訪れる場合は、防寒具を持参しよう。リーズナブルに行ける時期は11〜3月頃。

《この旅のヒント》
Hint!

比較的英語が通じづらいので、ロシア語の会話帳などを準備しよう。

◆入国に際してビザが必要となるロシア。自身でロシア大使館に足を運び取得することも可能だが、手続きが複雑な為、旅行会社に依頼するのがベター。別途費用がかかってしまうが、そこは必要経費として考えたい。
◆ロシアは特に英語が通じづらい所でもある。サンクト・ペテルブルクは観光客が多い都市だが、それでもロシア語を使えた方が便利なので、ロシア語の会話帳などを準備していこう。

PLAN
プラン例／2泊5日

1日目	夜	成田発〜乗り継ぎ〜サンクト・ペテルブルクへ【機内泊】
2日目	午後	サンクト・ペテルブルク着【サンクト・ペテルブルク泊】
3日目	終日	サンクト・ペテルブルク【サンクト・ペテルブルク泊】
4日目	夕方	サンクト・ペテルブルク発〜乗り継ぎ〜成田へ【機内泊】
5日目	夜	成田着

CHECK!

✓ サンクト・ペテルブルク1
チェックポイント

収蔵品の数は300万とも言われる、見所満載のエルミタージュ美術館。レオナルド・ダ・ヴィンチやルノワール、セザンヌ、ゴーギャン、ピカソなど名だたる芸術家の作品も多数展示されている。すべて見るには5年以上の歳月が必要とも言われている芸術の宝庫を堪能しよう。

✓ サンクト・ペテルブルク2
チェックポイント

内部に施されたモザイク画が素晴らしい血の上の救世主教会や、金色に輝くドームを頂に持つイサク大聖堂なども外せない見所。水の都でもあるこの街に流れるネバ川を下るクルーズも楽しみたい。エルミタージュ美術館をはじめ、多くの風格ある建物を見ることができる。

マトリョーシカ

ロシアを代表する民芸品。中から次々と小さい人形が出てくるもので、どこかで一度は目にしたことがある人も多いだろう。現在では昔ながらのタッチで描かれた人形の他に、歴代大統領が出てくる物など、イメージを覆すものも多い。お気に入りのひとつを見つけてみては？

✗ ブリヌイ

サンクト・ペテルブルク名物のひとつとして数えられるロシア風クレープ。デザートとしてだけではなく食事として提供するところも多い。チョコレートなどの甘いものから、サーモンやイクラ、ベーコンなど様々な組み合わせがある。どれも美味しいので、滞在中1度はトライしたい。

周辺情報
One more trip

エカテリーナ宮殿

サンクト・ペテルブルクの南約30kmの所に位置する、豪華絢爛な宮殿。ピョートル一世の後に誕生したロシアの女帝、エカテリーナ二世が夏の間過ごしたことから夏の離宮とも言われている。特に部屋の内部がすべて琥珀でできた壮麗な「琥珀の間」は必見。

TRIP 17 競い磨かれた美しき三都
ヒマラヤに抱かれた神々の住まう街

「カトマンズの谷」ネパール
Kathmandu Valley / Nepal

文化遺産

| 文化遺産 | ヒマラヤに抱かれた神々の住まう街 |

「カトマンズの谷」

インドの北に位置する内陸国、ネパール。北部には最高峰エベレストを筆頭とした世界の屋根ヒマラヤ山脈がそびえる。この国のほぼ中央部に広がるカトマンズ盆地は、平均標高1,300mという高地にも関わらず、沖縄とほぼ同緯度にあるため温暖な気候だ。古来より交易の要衝として栄えた首都カトマンズ、バクタプル、パタンの3つの古都には、17世紀に築かれた歴史的建造物が多く残る。3つの街はかつてマッラ族の王族が王の座をめぐって対立した歴史を持つ。その燃え盛る対抗心は、建築や芸術、美術で競われることになった。その結果、芸術的価値の高い街が後世に残されることとなったのだ。

栄光の都と称されているカトマンズは、文明と伝統が入り混じり、喧騒に満ちているかと思えば大小の寺院や市場、旧市街に中世や信仰が感じられる。カトマンズ盆地でもっとも美しいと言われるバクタプルは、レンガと木造建築の中世の街並みを残し、寺院が曼荼羅のように配置されている。パタンは、ラリトプル（美の都）の別名を持ち、装飾が施された建築物群が素晴らしく、特にゴールデンテンプルと呼ばれている仏教寺院クワ・バハは必見だ。これらマッラ王朝時代の面影を色濃く残す都市を巡り、往時に思いを馳せてみよう。また、カトマンズはヒンドゥー教と仏教の聖地でもあることから、"神々の街"とも呼ばれている。至る所で市民を見守る神様に出会えるのも楽しみのひとつだ。南アジアに残された中世の世界へ旅立とう。

Travel Information: **17**

文化遺産：
カトマンズの谷
Kathmandu Valley

 ネパール / Nepal

WORLD MAP

《いくらかかる？》
How much?
11.7万円〜
<3泊5日／大人1名分の総予算>

■**総予算内訳**
※「旅の予算」は右頁「PLAN」の目安料金です。
□ 飛行機代
□ 宿泊費1名分（2名1室利用時）
□ 食事（朝3回）
□ 移動費含む
□ 燃油サーチャージ
※出入国税等を除く

《どうやって行く？》
How to get there
約12.5時間
<片道の合計時間>
※空港等での待機時間含ます

日本からネパールまで直行便は運航していない。玄関口となるカトマンズへは、成田からマレーシアのクアラルンプールや香港、羽田からであればタイのバンコクなど、いずれかの都市で乗り継いで行くのが一般的だ。成田〜クアラルンプールは約7時間30分、クアラルンプール〜カトマンズは約5時間。

《いつが安いの？》
Low Cost Season
4月〜6月、9月
<手頃なシーズン>

6〜9月は暖かいが、雨期となり、降雨量が多く湿気が高くなる。乾期となる10〜5月は、少々冷え込む時期もあるが、空気が澄み渡りやすい。リーズナブルに行ける時期は4〜6月、9月頃。

《この旅のヒント》
Hint!
カトマンズから飛行機に乗って白く輝くエベレストを眺めることが可能。

◆ネパールには、ヒマラヤ山脈の観光を目的に訪れる人々も多い。「街だけでなくヒマラヤも見たい！」という人は最短コースで街を巡り、「周辺情報」で紹介しているヒマラヤツアーの日を設けるのも選択肢のひとつだ。

PLAN
プラン例／3泊5日

1日目	終日	成田発〜クアラルンプール乗り継ぎ〜カトマンズ着【カトマンズ泊】
2日目	終日	カトマンズ【カトマンズ泊】
3日目	午前	パタン
	午後	カトマンズ【カトマンズ泊】
4日目	午前	バクタプル
	午後	カトマンズ
	夜	カトマンズ発〜クアラルンプール乗り継ぎ〜成田へ【機内泊】
5日目	午後	成田着

CHECK!

✓ カトマンズ チェックポイント

シヴァ神が祀ってあるパシュパティナート寺院。チベット仏教におけるネパール最大の寺院でブッダの骨が埋められているボダナート寺院。仏塔にブッダの知恵の目が描かれているスワヤンブナート寺院。これらが旧市街の散策と共に外せないカトマンズの見所だ。

✓ バクタプル チェックポイント

バドガオン(信仰街)との別名を持つ田園地帯の丘の上にある町。カトマンズに溢れる喧噪や、旅行者の多いパタンとは違い、静かな雰囲気が漂っている。町の中心地バグタプル・ダルバール広場や、赤レンガで建てられた町、旧王宮、宮殿、寺院、広場などを巡ろう。

✓ パタン チェックポイント

芸術的な木彫りの窓枠が美しいネワール建築の歴史的建造物が町中に溢れている。この地に暮らす住民の8割が彫刻や絵画など、芸術に関連する仕事に就いていると言われているほど、アートに満ちた町だ。

周辺情報 One more trip

エベレスト遊覧飛行

小型飛行機に乗って、カトマンズを出発して約20分。白く輝くエベレストなど8,000m級の山々が連なる絶景を眼下に望むことができる。世界の最高峰を一生に一度は眺めたい。しかし、天候によってはキャンセルになることもあるので、予備日を設けておく方がいいだろう。

ナガルコットの丘

カトマンズの北東、約35kmに位置する展望台。標高2,100mの地点からエベレストをはじめとするヒマラヤの山々を360度見渡すことができる。朝日を見るのに最高のロケーションなので、日の出を見に行く日帰りツアーも人気がある。

TRIP 18　中国の山脈奥地に佇む湖泉滝
透き通った水が織りなす幻想世界

「九寨溝の渓谷の景観と歴史地域」中国
Jiuzhaigou Valley Scenic and Historical Interest Area / China

自然遺産

| 自然遺産 | 透き通った水が織りなす幻想世界
「九寨溝(きゅうさいこう)の渓谷の景観と歴史地域」 |

世界第2位となる、50近くの世界遺産を擁する中国。九寨溝はその中でも、抜群の美しさを誇る自然遺産だ。

四川省北部にある岷山(みんざん)山脈の奥地、海抜3,000mの渓谷に湖泉滝群、九寨溝はある。この地域に9つのチベット族の村があることから、その名が付けられた。現在でもチベット仏教やボン教徒の寺院、カラフルな祈祷旗タルチョも各所で見ることができる。

九寨溝は、1970年代に森林伐採をしていた労働者が"発見"したことから一躍有名となった。注目を集めた最大の理由は、奇跡とも言える輝きを放つ大小100以上もの湖、泉、滝が織りなす景色。これらは、山脈の合間にあるY字の峡谷にあり、山の湧き水によって創られたもの。水は非常に透明度が高く、湖底数メートルに沈む木の木目でさえはっきりと見ることができるのだ。加えて、コバルトブルー、エメラルドグリーン、黄色……など、いくつもの鮮やかな色が湖を彩り、その神秘さから「童話世界」、「人間仙境」とも呼ばれている。

また周囲には、ジャイアントパンダやレッサーパンダ、ゴールデンモンキーなどの希少動物が生息していることで自然保護区にもなっている。

中国を代表する秘境、九寨溝で大自然が育んだ奇跡の色彩を堪能する旅へ。

125

Travel Information: 18

自然遺産:
九寨溝の渓谷の景観と歴史地域
きゅうさいこう
Jiuzhaigou Valley Scenic and Historical Interest Area

 中国 / China

WORLD MAP

いくらかかる?
How much?
8.8万円〜
<3泊4日／大人1名分の総予算>

■総予算内訳
※「旅の予算」は右頁「PLAN」の目安料金です。
□ 飛行機代
□ 宿泊費1名分(2名1室利用時)
□ 食事(朝3回)
□ 移動費・入場料含む
□ 燃油サーチャージ
※出入国税等を除く

どうやって行く?
How to get there
約8時間
<片道の合計時間>
※空港等での待機時間含みます

旅の拠点となる九寨溝までは直行便がない為、成都を乗り継ぐことになる。成田〜成都は約6時間45分、成都〜九寨溝は約1時間。また冬期は、九寨溝へのフライトスケジュールが変わる為、同日乗り継ぎができない場合があるので注意しよう。

いつが安いの?
Low Cost Season
5月〜6月
11月〜12月
<手頃なシーズン>

九寨溝は一年中観光が可能だ。紅葉で景色が賑わう9〜10月が観光のピークを迎えるが、高山植物が咲き乱れる6〜8月、水量が増える8〜9月、氷雪を装う12〜2月といったように季節によって様々な表情を見ることができる。リーズナブルに行ける時期は5〜6月、11〜12月頃。

この旅のヒント
Hint!
九寨溝は見所が多いので、ガイド付きツアーに参加しよう。

◆日本の高地と同様、朝夕の寒暖差が大きい。夏でも長袖シャツ、薄手のセーター、フリースなどを持参しよう。
◆九寨溝ではバスを使うこともあるが、基本は徒歩観光となる。見所が多岐に渡る為、ガイド付きツアーに参加した方が簡単なのでオススメだ。
◆黄龍ではロープウェーを利用して五彩池へ。帰りは散策しながら歩いて降りるがオススメ。

PLAN

プラン例／3泊4日

1日目	午前	成田発〜成都乗り継ぎ〜九寨溝着【九寨溝泊】
2日目	終日	九寨溝【九寨溝泊】
3日目	終日	黄龍【九寨溝泊】
4日目	午前	九寨溝発〜上海乗り継ぎ〜成田着

CHECK!

✓ 九寨溝1
チェックポイント

基本的に見所の近くまでバスで移動し、徒歩で観光する。Y字に伸びる道を左に進むエリアは則査窪溝と呼ばれ、全長は約17km。九寨溝で一番大きい長海、美しいコバルトブルーの五彩池などがあり、観光センターでは食事をすることができる。

✓ 九寨溝2
チェックポイント

一方、Y字を右に進むエリアは日則溝と呼ばれ、全長は約18km。場所によって色が変化する五花海、滝壺になだれ込む水量が豪快な珍珠灘瀑布、魚が空を泳ぎ、鳥が水中を飛んでいるように見える鏡海などがある。

✓ 九寨溝3
チェックポイント

Y字中央の、樹正溝は全長約19km。110以上の湖沼が点在している。湖面に映った景色が本物と見分けがつかない犀牛海、森が湖面に映り虎の毛皮のように見える老虎海、棚田状に湖が連なる樹正群海などがある。

周辺情報
One more trip

黄龍

九寨溝からひと山超えた所にある世界遺産。水が溢れる棚田のような地形は、カルスト地形という石灰岩が侵食されてできたもの。美しい段丘に加え、場所によって黄色、緑色、青色、茶色と様々に変化する水の色も素晴らしい。

成都パンダ繁殖研究基地

中国国内の稀少野生動物を保護する目的で作られた施設。広い施設内には博物館もあり、自然に近い環境でパンダが生活している。ここは「51（ウーイー）世界で一番小さくうまれたパンダ」という映画の主人公となったパンダもいる。

TRIP 19

世界最大級の海の要塞
バルト海に浮かぶ星形の城壁

「スオメンリンナの要塞群」フィンランド
Fortress of Suomenlinna / Finland

文化遺産

文化遺産	バルト海に浮かぶ星形の城壁

「スオメンリンナの要塞群」

西はスウェーデン、東はロシアに接する北欧諸国のひとつ、フィンランド。国土のおよそ1/3を占める北極圏は、夏の間、24時間太陽が沈まない白夜になる。一方で冬は－30度にもなるが、スキーや犬ゾリなどのウインタースポーツが盛んになるシーズンであり、同時に漆黒の夜空には奇跡のオーロラが舞う。サンタクロースが地上で暮らす地「サンタクロース村」があることや、ムーミンが誕生した国としても知られている。

国土の約70%を深い森が覆い、20万近くもの湖が点在している。豊かな自然が残り、平和的な空気に満ちているが、かつての戦争のために作られた海の要塞もある。それが、首都ヘルシンキの沖合に浮かぶスオメンリンナ要塞群だ。

この要塞は、1700年代にフィンランドを統治していたスウェーデンが、ロシアに対抗すべく40年もの歳月をかけて築いたものだ。死角ができないように星形の城壁にしているのが特徴で、大砲が艦船を狙い打てるように、更には敵の砲撃に耐えられるように当時の建築技術が駆使され強固に造られている。そして、スウェーデンとロシアの戦争の結果、この地は100年以上もの間、ロシア帝国の軍事拠点となったが、1917年のフィンランド独立と共に返還された歴史を持つ。

現在でも堅牢な城壁や塹壕、大砲、潜水艦など戦争の痕跡が残るが、雰囲気は平和そのもの。緑の丘に佇む教会や、カフェやレストラン、おもちゃ博物館などがあり、多くの人々で賑わっている。「フィンランドの城」を意味する、スオメンリンナを訪れ、北欧の世界遺産を歩いてみよう。

Travel Information: 19

文化遺産:
スオメンリンナの要塞群
Fortress of Suomenlinna

 フィンランド / Finland

WORLD MAP

いくらかかる?
How much?
11.3万円～
<3泊5日/大人1名分の総予算>

■総予算内訳
※「旅の予算」は右頁「PLAN」の目安料金です。
□飛行機代
□宿泊費1名分(2名1室利用時)
□食事(朝2回)
□フェリー代(ヘルシンキ港～スオメンリンナ往復)
□燃油サーチャージ

どうやって行く?
How to get there
約11時間
<片道の合計時間>
※空港等での待機時間含みます

日本からフィンランドの玄関口ヘルシンキまで直行便が運行している。成田～ヘルシンキは約10時間20分。ヘルシンキの港からスオメンリンナまではフェリーで約15分。

いつが安いの?
Low Cost Season
11月～3月
<手頃なシーズン>

日本と同様に四季があるが、1年を通じて温度は低い。12～3月の平均気温は氷点下となり、4、5、10月は一桁、6～8月は15度前後となる。リーズナブルに行ける時期は11～3月頃。

この旅のヒント
Hint!
映画「かもめ食堂」の舞台でもあるヘルシンキの街巡りも楽しもう。

◆夏の時期に訪れたとしても、朝晩や陰に入るととても冷える。脱ぎ着しやすい防寒具を必ず持参しよう。
◆ヘルシンキは映画「かもめ食堂」の舞台になった街でもある。スオメンリンナ要塞群と共に、時間が許す限りヘルシンキの街も巡ってみよう。
◆成田からヘルシンキまで直行便が運行しているが、乗り継ぎ便を利用することでよりリーズナブルに行ける場合が多い。航空券手配前に確認してみよう。

PLAN
プラン例／3泊5日

1日目	午後	成田発〜乗り継ぎ〜ヘルシンキ着【ヘルシンキ泊】
2日目	終日	スオメンリンナ【ヘルシンキ泊】
3日目	終日	ヘルシンキ【ヘルシンキ泊】
4日目	午前	ヘルシンキ
	午後	ヘルシンキ発〜乗り継ぎ〜成田へ【機内泊】
5日目	午前	成田着

CHECK!

ヘルシンキ
チェックポイント

世界でもトップクラスの治安の良さを誇る穏やかな港街。広大な階段の上にそびえる白亜のヘルシンキ大聖堂や、北欧最大のロシア正教会であるウスペンスキー寺院、生鮮食品から民芸品まで売っているエテラ港マーケット、80もの美術館や博物館など見所が多数ある。

アルコール飲料

いくつもの銘柄が揃う国内産ビールは旅行者にも人気。また森で採れたベリー系を発酵させたベリーワインやシードルという果実酒は女性にも飲みやすい。バーやクラブ、ライブハウスなどで音楽を楽しみながら飲むのもオススメ。「キッピス！(乾杯)」の声と共に飲み始めよう。

フィンランドガラス

スタイリッシュかつ実用的なことで人気の北欧デザイン。中でも陶器やガラスが秀逸だ。イッタラをはじめとしたガラス製品やムーミンが描かれたマグカップなど、食卓を楽しくするものが溢れている。街を歩いてお気に入りを見つけよう。

周辺情報
One more trip

ヌークシオ国立公園

ヘルシンキから電車とバスで約1時間。森と湖の国と呼ばれるフィンランドを体感できる人気のハイキングスポットだ。いくつかの散策道が整備されているので、体力によってルートを決められる。植物を観察したり、静かな湖面を眺めたりしながら森林浴を楽しもう。

タリン

ヘルシンキから高速船で約2時間の所に位置する、隣国エストニアの首都。中世の街並みを残す美しい旧市街は、歴史地区として世界遺産に登録されている。トームペア城や大聖堂、聖霊教会などが見所だ。

TRIP 20

ラッパの音が鳴り響く欧州最大の広場
戦乱をくぐり抜けた中世の街

「クラクフ歴史地区」ポーランド
Historic Centre of Krakow / Poland

文化遺産

| 文化遺産 | 戦乱をくぐり抜けた中世の街
「クラクフ歴史地区」

"Heart of Europe"と言われ、文字通りヨーロッパの中心に位置するポーランド。バルト海に面した美しい海岸線や限りなく広がる大平原、手付かずの原生林に砂漠地帯、山岳地帯、湿地帯など、多様性に富んだ自然を抱く国だ。現在のポーランドの前身は、14〜16世紀に栄華を極めたポーランド王国。その首都だったのが、南部に位置するクラクフ。他の都市が軒並み破壊された第二次世界大戦にあって、奇跡的に戦渦を免れたことにより、古い建造物が多く残っている古都だ。
世界遺産に登録されている旧市街の中心は、中世から残るものとしてヨーロッパ最大と言われる中央広場。地元の人々や観光客が行き交い、カフェやレストラン、土産屋などが軒を連ね、賑やかな雰囲気に包まれている。その周囲には、ルネサンス様式の織物会館や高さ70mの最上階展望台から街を一望できる旧市庁舎塔、そして貴族たちの美しい石造りの家々などが建ち並ぶ。また、広場の北東に位置する聖マリア教会からは、毎時きっかりに、ラッパの音が鳴り響く。かつてタタール軍がポーランドに攻め込んできた際に、見張りが敵の来襲を告げるために吹いていたものが起源となっている。メロディが不自然な所で途切れるのだが、それは、皆に敵襲を知らせていた途中に、矢が刺さりラッパの音が途絶えたという言い伝えから、現在まで続いている伝統なのだ。
旧市街の南の丘の上には、ヴァヴェル城がそびえる。城内には調度品や宝飾品、美術品の展示がある王宮や、歴代の王が眠る棺が収められている大聖堂などがあり、見応え十分だ。
かつての栄華が残る古都。中世へとタイムスリップしてしまったかのような錯覚に陥る街を歩こう。

Travel Information: 20

文化遺産:
クラクフ歴史地区
Rock Islands Southern Lagoon

■ ポーランド / Poland

WORLD MAP

いくらかかる？
How much?
8.9万円〜
<3泊6日／大人1名分の総予算>

■総予算内訳
※「旅の予算」は右頁「PLAN」の目安料金です。
□飛行機代
□宿泊費1名分(2名1室利用時)
□食事(朝3回)
□燃油サーチャージ

どうやって行く？
How to get there
約21時間
<片道の合計時間>
※空港等での待機時間含みます

日本からポーランドまで直行便は運行していない。ヨーロッパや中東1、2都市で乗り継いで行く事になる。成田〜アブダビは約12時間50分、アブダビ〜ベルリンは約6時間50分、ベルリン〜クラクフは約1時間20分。また、ポーランドの首都ワルシャワから入る場合は、クラクフまで列車で約3時間。

いつが安いの？
Low Cost Season
11月〜3月
<手頃なシーズン>

日本と同様に四季があるが、1年を通じて気温は低い。夏(6〜9月)でも最高気温は20度前後となる程だ。一方で冬(12・2月)の最高気温は0度前後となるが、極端な零下にはならない。リーズナブルに行ける時期は11〜3月頃。

この旅のヒント
Hint!
郊にも見応えある世界遺産があるので、一度の旅で巡るのもオススメ。

◆アラブ首長国連邦のアブダビとドイツのベルリンなど、計2回乗り継ぎがポーランドに最もリーズナブルに行くルートのひとつとなる。航空券手配前に確認してみよう。
◆「周辺情報」で紹介している3ヶ所など、クラクフと合わせて世界遺産を巡るポーランド。日数や費用に余裕があれば、是非とも同時に訪れたい。

PLAN
プラン例／3泊6日

1日目	夜	成田発〜アブダビ乗り継ぎ〜ベルリンへ【機内泊】
2日目	午前	ベルリン着、ベルリン発〜クラクフ着【クラクフ泊】
3日目	終日	クラクフ【クラクフ泊】
4日目	終日	クラクフ【クラクフ泊】
5日目	終日	クラクフ発〜ベルリン乗り継ぎ〜アブダビへ【機内泊】
6日目	終日	アブダビ着、アブダビ発〜成田着

CHECK!

クラクフ
チェックポイント

首都ワルシャワから電車で約3時間の距離にある。ポーランド文化の中心地と言われる同国第2の都市だ。市場やショッピングセンターで買い物も楽しめる。コペルニクスが学んだヤギェウォ大学やいくつもの教会、博物館、美術館、ユダヤ人街も訪れたい。

オブヴァジャーネック
食事

モチモチしたリング状のパン。ベーグルに類似していて、ベーグルの原型と言われている。ケシの実や白ゴマなどがかかっていて、焼きたてが特に美味。街中の屋台でよく見かけ、安く、持ち運びにも便利だ。街歩きの際は、クラクフのソウルフードを楽しもう。

周辺情報
One more trip

ワルシャワ

ポーランドの首都で、政治や経済、学問の中心都市。第二次世界大戦で破壊されたものの、完全な姿で再建されたワルシャワ歴史地区は世界遺産に登録さている。建ち並ぶ石造りの建築物や室内装飾が素晴らしい王宮、ショパンの心臓が祀られている聖十字架教会などが見所だ。

アウシュヴィッツ強制収容所

クラクフの南西約60kmに位置する、負の世界遺産。第二次世界大戦時にナチスが建設したもので、ユダヤ人や政治犯など100万人以上が連行され、その90％の人々が虐殺されたと言われている。現在は博物館になっていて、住居やガス室などを見学することができる。

ヴィエリチカ岩塩抗

クラクフの南東約10kmに位置する、ヨーロッパ最古の採掘場のひとつ。700年以上もの歴史を持ち世界遺産に登録されている。坑道の総延長は約300km、見学ルートは約3.5kmで地底湖や博物館、岩塩で作られた礼拝堂などがある。ダイナミックな地下の世界を楽しもう。

TRIP 21　海洋生物のパラダイス
美しい海と珊瑚が織り成す絶景

「南ラグーンのロックアイランド群」パラオ
Rock Islands Southern Lagoon / Palau

複合遺産

複合遺産

美しい海と珊瑚が織り成す絶景
「南ラグーンのロックアイランド群」

太平洋の南北640kmに渡り200以上もの島々が連なる国、パラオ。9つの島を除き、その他はすべて無人島だ。それらはロックアイランドと呼ばれ、火山島や隆起珊瑚から形成されている。ロックアイランドの最大の特徴は、マッシュルームのような形をした島々。長年に渡り、波の浸食を受けたことによって島の海面付近がくびれてできたものだ。それらとターコイズブルーの海が織り成す絶景は、2012年に世界遺産に登録された。

ロックアイランドを囲む海は、数百種もの珊瑚類や絶滅危惧種のナポレオンフィッシュ、ジンベイザメ、マンタ、ジュゴンなど1,000種類を越える海の生き物のパラダイスになっている。同時に世界有数のダイビングスポットも多く、世界中からダイバーが集まる島でもある。

マカラカル島には「ジェリーフィッシュレイク」という有名な塩水湖がある。この湖には、外敵がまったくいない生活を何千年もしているうちに、身を守る棘が退化してしまったクラゲが生息している。無数のクラゲが紡ぐ幻想世界で、共に泳ぐことが可能だ。また、石灰岩が溶け出したことによって創られた入浴剤をいれたかのような海、ミルキーウェイでは、沈殿した泥を肌に塗る"クレイパック"体験が可能だ。他にも、干潮時のみ約800mの砂の道が出現する、「海上の白い絨毯」と呼ばれるロングビーチなどにも訪れたい。

パラオでしか体験することができない、地球が育んだ奇跡の自然に触れる旅へ。

Travel Information: 21

複合遺産:
南ラグーンのロックアイランド群
Rock Islands Southern Lagoon

 パラオ / Palau

WORLD MAP

いくらかかる？
How much?
9.2万円〜
<3泊4日> 大人1名分の総予算

■総予算内訳
※「旅の予算」は右頁「PLAN」の目安料金です。
□ 飛行機代
□ 宿泊費1名分(2名1室利用時)
□ 現地送迎
□ 食事(朝3回)
□ 燃油サーチャージ

どうやって行く？
How to get there
約5時間
<片道の合計時間>
※空港等での待機時間含む

成田からパラオの旧首都コロールまで直行便が運行している。直行便以外であれば、グアムで乗り継ぐのが一般的だ。成田〜コロールは約5時間。

いつが安いの？
Low Cost Season
5月〜6月
10月〜11月
<手頃なシーズン>

1年を通して、高温多湿だ。年間の平均気温はほぼ28度となっているが、乾期(11〜5月)と雨期(6〜10月)がある。リーズナブルに行ける時期は5〜6月、10〜11月頃。

この旅のヒント
Hint!
クラゲが泳ぐ水中世界には防水のカメラを持っていこう。

◆防水仕様のカメラを持っていくのもオススメ。クラゲが泳ぐ水中世界を撮ってみよう。
◆クラゲと聞くと刺されるイメージもあるが、ジェリーフィッシュレイクでは心配無用だ。外敵がまったくいない生活をしてきた為、クラゲの棘は退化し人を刺すことはない。安心して幻想世界を泳ごう。

PLAN
プラン例／3泊4日

1日目	終日	成田発〜コロール着【コロール泊】
2日目	終日	ロックアイランド【コロール泊】
3日目	終日	ロックアイランド【コロール泊】
4日目	午前	コロール発〜成田着

CHECK!

✓ パラオ
チェックポイント

パラオ最大の都市コロール市があるコロール島、ダイビングショップや旅行会社があるマラカル島、リゾートホテルが点在するアラカベサン島が旅の拠点となる。滝の裏側に行ける「ガラスマオの滝」散策や、カヤックやサーフィン、ドルフィンスイムなども堪能できる。

✓ コロール
チェックポイント

パラオの玄関口となる街。素朴な島々が多い中で唯一賑やかな所だ。パラオ最大のWCTCショッピングセンターや免税店の他にも和洋中のレストランも揃う。ロックアイランドだけでなく、コロールの町散策も楽しもう。

✓ ロックアイランド
チェックポイント

ミルキーウェイで泥パック、熱帯魚とシュノーケリング、無人島で昼食、ジェリーフィッシュレイクでクラゲと遊泳、自然の力によってできたナチュラルアーチ、内海と外海を繋ぎマンタに高確率で出逢えるジャーマンチャネル、星形のカープ島でBBQランチなど遊び方はいくつもある。

周辺情報
One more trip

ペリリュー島

パラオ諸島の南西に位置する、太平洋戦争時に旧日本軍とアメリカ軍の激しい地上戦があった島。今でも戦車やゼロ戦、兵士の水筒、ヘルメットなどが島内に点在している。現地民間人を含んだ戦没者墓苑を訪れて、未来への平和を祈りたい。

古代遺跡

パラオには約4,000年前から人が住んでいたと推定される。バベルダオブ島の最北端には、巨石柱が乱立するストーンフェイス＆モノリスという遺跡。他にもケズというピラミッド型の遺跡やウーロン島の洞窟壁画などがある。未だに謎に包まれた古代遺跡巡りもオススメだ。

TRIP 22 紀元前から栄えてきた塩の町
世界一美しい湖畔の風景

「ハルシュタット - ダッハシュタイン・ザルツカンマーグートの文化的景観」オーストリア
Hallstatt-Dachstein / Salzkammergut Cultural Landscape / Austria

文化遺産

| 文化遺産 | 世界一美しい湖畔の風景「ハルシュタット - ダッハシュタイン・ザルツカンマーグートの文化的景観」|

中部ヨーロッパの内陸国オーストリア。首都は同国東部に位置する、モーツァルトをはじめ多数の音楽家を輩出した「音楽の都」ウィーンだ。その西方に、映画「サウンドオブミュージック」の舞台としても知られている景勝地、ザルツカンマーグートはある。雪を頂くアルプスの山々が峰を連ね、水面に穏やかな表情を浮かべる大小76もの湖がそれを映している。

その中のひとつ、ハルシュタット湖の畔、山と湖がせめぎ合う僅かばかりの平地に、人口約1,000人のハルシュタットという町がある。町を囲む豊かな森や木造の建物が、透明度の高い湖に映り、世界で最も美しい湖畔の町と称されている。湖の南に見える標高2,995mを最高峰とするダッハシュタイン山塊の雄大な自然と町が生み出す風景は、絵画のように美しく、真珠の美しさにも例えられている。

この町は紀元前から塩の採掘場として栄えてきた歴史を持つ。町外れには世界最古と言われる岩塩抗があり、トロッコに乗って採掘場の奥へと進むユニークな見学ツアーも体験可能だ（冬期は閉鎖する）。

プロテスタント教会とカトリック教会、建ち並ぶ淡い色で塗装された木造家屋、マルクト広場のメルヘンチックな空気、湖でとれた魚料理を供するレストラン、土産屋など、すべてが徒歩圏内にまとまっているコンパクトな町ハルシュタット。山陰から挿し込む朝日、船から望む町、夕陽に染まる山々、湖に映る星々……、多様な輝きを放つオーストリアを代表する風景を楽しむ旅へ。

Travel Information: 22

文化遺産： ハルシュタット-ダッハシュタイン・ザルツカンマーグートの文化的景観
Hallstatt-Dachstein / Salzkammergut Cultural Landscape

オーストリア / Austria

WORLD MAP

《いくらかかる？》
How much?
10.7万円〜
<3泊6日/大人1名分の総予算>

■総予算内訳
※「旅の予算」は右頁「PLAN」の目安料金です。
□飛行機代
□宿泊費1名分(2名1室利用時)
□食事(朝2回)
□鉄道代(ウィーン〜ハルシュタット往復)
□渡し船代
□燃油サーチャージ

《どうやって行く？》
How to get there
約15時間
<片道の合計時間>
※空港等での待機時間含ます

成田からオーストリアの玄関口ウィーンまで直行便が運行している。成田〜ウィーンは約11時間45分。ウィーンからハルシュタットまでは電車で約3時間、そこから渡し船で約10分の移動となる。

《いつが安いの？》
Low Cost Season
11月〜3月
<手頃なシーズン>

オーストリアでは5〜9月が暖かい時期だが、夏場でも朝晩は冷える為、羽織物が必要だ。また他の時期は寒さが厳しい為、スキーなどのウインターアクティビティが中心のシーズンとなる。リーズナブルに行ける時期は11〜3月頃。

《この旅のヒント》
Hint!
余裕があればドイツ国境近くにある街ザルツブルクも合わせて訪れよう。

◆ウィーンからハルシュタットへの移動は、電車かレンタカー、もしくはツアーバスとなる。レンタカーは、道路標識などの難易度が高いので、ツアーを利用しない場合は、電車がオススメだ。

◆本書ではハルシュタットを紹介したが、ドイツ国境の街ザルツブルクもオススメ。「周辺情報」で紹介しているので、時間に余裕があれば是非訪れたい。

◆成田からウィーンまで直行便が運行しているが、乗り継ぎ便を利用することでよりリーズナブルに行ける場合も多いので、航空券手配前に確認してみよう。

PLAN
プラン例／3泊6日

1日目	夜	成田発〜乗り継ぎ〜ウィーンへ【機内泊】
2日目	午後	ウィーン着【ウィーン泊】
3日目	午前	ハルシュタットに移動
	午後	ハルシュタット【ハルシュタット泊】
4日目	午前	ハルシュタット
	午後	ウィーンに移動【ウィーン泊】
5日目	午後	ウィーン発〜乗り継ぎ〜成田へ【機内泊】
6日目	午前	成田着

CHECK!

✓ ハルシュタット
チェックポイント

ケーブルカーで山頂へ登ると、塩鉱の他にカフェ＆レストランもある。ハルシュタット湖を一望できる絶景が広がるので、ここでティータイムを。町中は表通りや路地裏、それに町と湖が織り成す光景と、どこもがフォトジェニック。自由気ままに散策して堪能しよう。

✓ バインハウス
チェックポイント

頭骸骨がずらりと並ぶハルシュタットの納骨堂。町の面積が小さいことから墓地のスペースも限られている為、故人の意志によって、埋葬後10年以上経過すると遺骨をバインハウスに移してきた。1,000以上もの骸骨に、それぞれ故人の名前や没年が書かれている。

塩

かつて「白い金」と呼ばれ重宝された塩。ハルシュタットの塩は、約2億4千万年前の海水が山に閉じ込められてできたもので、ミネラルを多く含んでいる。町にはいくつかナチュラルソルトのお店があるので、土産として購入してみよう。バスソルトや石けんなどの美容グッズもある。

周辺情報

One more trip

ザルツブルク

ウィーンから西へ車で約4時間、ドイツ国境近くにある街。街に流れるザルツァッハ川の左岸に広がる旧市街は「ザルツブルク市街の歴史地区」として世界遺産に登録されている。路地を歩けば、中世やロマネスク、ルネサンス、バロック様式などの建築物を見ることができる。

ウィーン

ハプスブルク家の夏の離宮「シェーンブルン宮殿」と「ウィーン歴史地区」は必見。どちらも世界遺産に登録されている。本書で紹介したプランはウィーン滞在が短い為、1日をプラスして観光するのもオススメ。また、オペラ鑑賞（9〜6月の間）にもトライしたい。

TRIP 23
渓谷に架かる天国への階段
自然共生から誕生した美しき棚田群

「フィリピン・コルディリェーラの棚田群」 フィリピン
Rice Terraces of the Philippine Cordilleras / Philippines

文化遺産

渓谷に架かる天国への階段
文化遺産 「コルディリェーラの棚田群」

フィリピン諸島最大の島、ルソン島。その中央山岳部にあるバナウェ渓谷には、圧倒的なスケールの棚田が村々に点在している。2,000年も前から、農耕山岳民族イフガオ族によって山の急斜面に石や岩を積み上げて築かれたものだ。棚田の最下部から最上部まで1,500mもあり、すべての棚田を伸ばすと地球半周分の長さになる程で、その規模は世界最大を誇る。

棚田の上には保水力を持った森が広がる。そこから注ぎ込む水は田に養分を与え続け、周囲に生息する昆虫や動物、そして人間の命も繋いできた。このサイクルは、山の形を極力変形させず、斜面の角度を尊重して棚田を作ったことで生まれた。それは、イフガオ族が環境破壊をせず自然との共存を果たしてきたという証と言えるだろう。

2001年、若者の都市流出と森林伐採のために荒廃が進み、危機遺産リストに登録されてしまった。しかし、イフガオ族の努力とユネスコによる文化継承プロジェクトが実施されたことによって、2012年に危機遺産から解除された。

きれいな水と空気があり、米は完全無農薬の有機栽培。田植時期の1〜2月、青々と繁る3〜4月、稲刈り時期の6〜9月と季節によって姿が変わるこの風景は、どこか懐かしい。まるで天に続く階段かのような棚田が広がる、絶景を望む旅へ。

155

Travel Information: 23

文化遺産:
フィリピン・コルディリェーラの棚田群
Rice Terraces of the Philippine Cordilleras

 フィリピン / Philippines

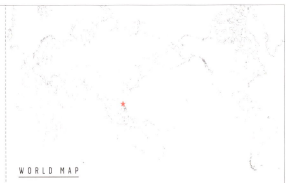
WORLD MAP

いくらかかる?
How much?
8.8万円〜
<4泊5日/大人1名分の総予算>

■ 総予算内訳
※「旅の予算」は右頁「PLAN」の目安料金です。
□ 飛行機代
□ 宿泊費1名分(2名1室利用時)
□ 現地送迎
□ バス代(マニラ〜バナウェ往復)
□ 食事(朝4回)
□ マニラ市内観光ツアー代
□ 燃油サーチャージ

どうやって行く?
How to get there
約13時間
<片道の合計時間>
※空港等での待機時間含ます

成田からフィリピンの首都マニラまでは直行便が運行している。成田〜マニラは約5時間。マニラから棚田観光の拠点となるバナウェまでは、バスで約8時間の陸路移動となる。

いつが安いの?
Low Cost Season
5月〜6月
9月〜11月
<手頃なシーズン>

棚田が青々と茂るシーズンは3〜4月。また、首都マニラは年間を通して気温が高いので、水分補給や日焼け・日除け対策を心がけよう。リーズナブルに行ける時期は5〜6月、9〜11月頃。

この旅のヒント
Hint!
棚田群にいる民族衣装を着た人々を撮影する際は、一言かけてからにしよう。

◆ 屋外は年間を通して暑いが、室内や車内はエアコンが強烈に効いていて寒い。羽織る物を用意しよう。
◆ コルディリェーラの棚田群では民族衣装を身にまとった人たちがいる。撮影する時は一言声をかけてから行おう。また、撮影するとチップが必要となる場合もある。

PLAN
プラン例／4泊5日

1日目	終日	成田発〜マニラ着、カバナツアンに移動【カバナツアン泊】
2日目	午前	バナウェに移動
	午後	バナウェの棚田、イフガオ族博物館【バナウェ泊】
3日目	終日	バタッド村【バナウェ泊】
4日目	終日	マニラに移動【マニラ泊】
5日目	午前	マニラ
	午後	マニラ発〜成田着

CHECK!

✓ バナウェ村
チェックポイント

棚田観光の基点となる村。この村のビューポイントからも棚田がよく見える。中心地であるマーケット周辺は、ホテルやレストランが多数あり賑やかだ。バスやジプニー（乗り合いタクシー）の乗り場にもなっている。観光案内所もあるので、周辺情報を集めることも可能だ。

✓ マニラ
チェックポイント

フィリピンの首都で正式名称は「メトロマニラ」。かつて東洋の真珠と呼ばれていた。世界遺産のサン・オウガスチン教会、スペイン風のカーサ・マニラ博物館、ショッピングエリアのマカティ地区、高級ホテルやレストランがあるエルミタ地区など観光名所も多い。

✗ フィリピン料理
食事

島国のフィリピンは、中国などの大陸やスペインの植民地時代の影響を料理にも残している。肉の甘辛煮込みアドボ、豚肉の鉄板焼きシシグ、具だくさんの酸味スープのシニガン、ピーナッツソースで野菜や肉を煮込むカレカレ、子豚の丸焼きレチョンなどを味わいたい。

周辺情報
One more trip

ボントック
バナウェから49kmの距離にある小さな村。石積みの棚田の合間に家々が点在している。ここにもマリコンやバイヨと呼ばれる棚田がある。ボントック博物館には近隣山岳民族の生活用品が展示されている。マイニット温泉も有名だ。

バギオ
マニラからコルディリェーラの棚田群への中継地点となる町。高地なので涼しく、3〜5月の酷暑期には政府機関がこの地に移転する程、過ごしやすい環境を持つ。かわいいバギオ大聖堂や下町のシティマーケット、2月のフラワーフェスティバルなどが有名。

TRIP 24　数千年の時を超えて現在に残る巨石群
今なお謎のベールに包まれる古代の記憶

「ストーンヘンジ、エーヴベリーと関連する遺跡群」イギリス
Stonehenge, Avebury and Associated Sites / England

文化遺産

| 文化 遺産 | 今なお謎のベールに包まれる古代の記憶
「ストーンヘンジ、エーヴベリーと関連する遺跡群」 |

イギリス南部に広がるウィルトシャー州のソールズベリー平野。見渡す限りの大平原に、突如として姿を現すのが、古代の環状列石遺跡ストーンヘンジだ。

この遺跡は、紀元前2500〜2000年頃に作られたとされている。中心には、2つずつ対になる高さ約7mの石の上に横石が乗るものが5つある。Uの字に配置されたそれはトリリトンと呼ばれ、門のような形状をしている。それらを高さ4〜5mの30個の石が囲み、直径100mにもなる円を描く。更にその外側には、土塁や堀が存在する……。完全体はこのように想像されているが、現在ではその半分ぐらい。遙かなる時を超えて残った、一部を見ることができる。

巨石と巨石の継ぎ目は、まるで木造建築のように凹凸に削られ、見事までに連結している。単純な道具しか持ち得なかった当時において、高い技術の存在が確認できる。また、環状列石の外側には、夏至の日の出にだけ照らされるヒールストーンなども存在し、月や太陽の動きになぞらえて設置されたとも考えられている。しかし、祭祀場や天文台、埋葬地など、作られた目的は諸説存在することに加え、近年、最先端の技術によって、地中に新たな遺跡の存在が確認された。畏怖の念を起こさせる程に特別な存在感を放つこの遺跡は、未だに謎のベールに包まれているのだ。
イギリスを代表する世界遺産ストーンヘンジで、古代人が築いた石の建造物に触れる旅へ。

Travel Information: 24

文化遺産:
ストーンヘンジ、エーヴベリーと関連する遺跡群
Stonehenge, Avebury and Associated Sites

 イギリス / England

WORLD MAP

いくらかかる？
How much?
11.4万円〜
〈3泊5日／大人1名分の総予算〉

■ 総予算内訳
※「旅の予算」は右頁「PLAN」の目安料金です。
□ 飛行機代
□ 宿泊費1名分(2名1室利用時)
□ 世界遺産ストーンヘンジ半日観光ツアー代
□ 食事(朝3回)
□ 燃油サーチャージ

どうやって行く？
How to get there
約14.5時間
〈片道の合計時間〉
※空港等での待機時間含みます

日本からイギリスの首都ロンドンまで直行便が運行している。羽田〜ロンドンは約12時間30分。ロンドンからは列車でソールズベリーまで約1時間、ソールズベリーからストーンヘンジまでは車で約40分。

いつが安いの？
Low Cost Season
11月〜3月
〈手頃なシーズン〉

1年を通じて気温は低く、夏(7〜9月)でも薄い上着は必要となる。他の時期は、氷点下になることはほとんどないが、厚手の上着を持参しよう。リーズナブルに行ける時期は11〜3月頃。

この旅のヒント
Hint!
ロンドンは見所が盛りだくさん。ストーンヘンジと合わせて巡ろう。

◆イギリスの中心地であり世界遺産をはじめとした見所が多く存在する、ロンドンと共に巡ることも可能だ。ストーンヘンジもロンドンも同時に楽しみたい人は、旅行会社に相談しながら効率的な行程を検討しよう。

PLAN
プラン例／3泊5日

1日目	終日	羽田発～ロンドン着【ロンドン泊】
2日目	終日	ストーンヘンジ半日観光【ロンドン泊】
3日目	終日	ロンドン【ロンドン泊】
4日目	終日	ロンドン発～羽田へ【機内泊】
5日目	午前	羽田着

CHECK!

✓ ストーンヘンジ
チェックポイント

英国で最も高い123mの尖塔を持つ大聖堂があることで知られるソールズベリーという町の北西13kmに位置している。入口となるビジターセンターからストーンヘンジまでは小型バスで数分だが、古代人も歩んだ大地を40分ほど歩くのもオススメだ。

✓ ロンドン
チェックポイント

イギリスの首都で欧州最大の都市。世界遺産に登録されているウェストミンスター宮殿やロンドン塔、キュー王立植物園、河港都市などがある。他にもタワーブリッジやバッキンガム宮殿、大英博物館など見所満載だ。英国を代表する百貨店ハロッズなどで買い物も楽しめる。

✗ ブリティッシュパブ
食事

イギリス式の居酒屋。レストランを兼ねていたり、バンドのライブが開催されたり、テレビでスポーツ観戦したり……など、趣向は様々だ。地域の人々が集う場所でもあり、支払いは注文時にキャッシュオンが基本。友達と行ったら順番におごりあうのがマナーだそう。

周辺情報
One more trip

コッツウォルズ

イギリス中央部に位置する特別自然美観地域。広大な牧草地や田園風景の中に村々が点在している。はちみつ色の家が並ぶカッスルクーム、絵本から飛び出したようなバイブリー、石橋のかかるボートン・オン・ザ・ウォーターなど各村によって特色がある。

バース

ロンドンから列車で約1時間30分の距離に位置する。古代ローマ時代の温泉街。紀元前より温泉場として栄えたとされ、現在でも入浴が可能だ。その豊かな歴史から、巾街は世界遺産に登録されている。街並みはとても美しく、散策も十分に楽しめる街だ。

TRIP 25 アジアの至宝、東洋の神秘
ジャングルから目覚めた偉大なる王都

「アンコール遺跡群」カンボジア
Angkor / Cambodia

文化遺産

| 文化 | ジャングルから目覚めた偉大なる王都 |
| 遺産 | 「アンコール遺跡群」 |

国民の約90％をクメール人が占める、インドシナ半島に位置する国カンボジア。東南アジア最大のトンレサップ湖を湛えるシェムリアップ州には、常に世界中から旅人が訪れている。最大の目的が、9～15世紀まで繁栄を築いたクメール王朝の宗教施設、アンコール遺跡群だ。

中でも最大の見所、1860年にジャングルの中で発見されたアンコールワットは、「クメール建築の最高傑作」、「東洋の神秘」と謳われる。天にそびえる5つの祠堂を、3重の回廊と環濠が囲むその姿はとても神々しい。その目前に佇む、蓮が浮かんだ聖なる池は、その全体像と共に水面に逆さアンコールワットが映し出される、絶好のシャッタースポットだ。

クメールの微笑で知られるアンコールトムや東洋のモナリザが佇むバンテアイスレイ、木々が遺跡を浸食し続けるタプロームなど、他にも素晴らしい遺跡が点在している。それらに共通する彫刻や壁画は、世界有数の芸術作品であり、往時の技術力、芸術性の高さを感じることができるだろう。また、この国の魅力は遺跡だけにとどまらない。活気溢れる市場やトンレサップ湖に浮かぶ水上集落など、優しくも力強い人々の生活を垣間見ることもできる。緑濃きジャングルやどこか懐かしい農村地帯を抱く、かつてのクメール王朝の大地。そこに点在するすべての遺跡を見るには、数十日もの時間を要す。何度でも訪れたくなる神秘に包まれた、アジアの至宝へ。

Travel Information: 25

文化遺産:
アンコール遺跡群
Angkor

 カンボジア / Cambodia

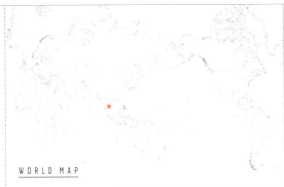

WORLD MAP

いくらかかる？
How much?

6万円〜
<3泊5日／大人1名分の総予算>

■総予算内訳
※「旅の予算」は右頁「PLAN」の目安料金です。
□飛行機代
□宿泊費1名分（2名1室利用時）
□2、3日目の現地発着ツアー代
□食事（朝3回）
□燃油サーチャージ

どうやって行く？
How to get there

約8時間
<片道の合計時間>
※空港等での待機時間含みます

日本からカンボジアまでは基本直行便が運行していない。ベトナムのハノイやホーチミン、韓国のソウルなどで乗り継いで行くのが一般的だ。ハノイ乗継ぎの場合、成田〜ハノイは約5時間50分、ハノイ〜シェムリアップは約1時間40分。

いつが安いの？
Low Cost Season

5月〜7月、10月
<手頃なシーズン>

一年を通じて高温多湿となり、基本的に蒸し暑い日が続く。大きくは、乾期（11〜4月）、雨期（5〜10月）と分かれるが、雨期でも1、2時間で雨は止む。リーズナブルに行ける時期は5〜7、10月頃。

この旅のヒント
Hint!

滞在日数に合わせたアンコール遺跡の入場チケットを購入しよう。

◆アンコール遺跡を見学するには、入場券を購入する必要がある。1日券、連続3日券、連続1週間券などいくつかの種類があるので、日程に合わせたチケットを購入しよう。
◆見所は遺跡内にあるため、徒歩観光が基本となる。履き慣れた歩きやすい靴に加え、暑さ対策に帽子やサングラスを持参しよう。

PLAN
プラン例／3泊5日

1日目	終日	成田発〜ハノイ乗り継ぎ〜シェムリアップ着【シェムリアップ泊】
2日目	終日	アンコール遺跡群【シェムリアップ泊】
3日目	終日	アンコール遺跡群【シェムリアップ泊】
4日目	終日	シェムリアップ発〜ホーチミン乗り継ぎ〜成田へ【機内泊】
5日目	午前	成田着

CHECK!

✓ アンコール遺跡群
チェックポイント

カンボジアのシンボルとして国旗にもなっているアンコールワットをはじめ、アンコール遺跡群の中で最も大きな城郭都市アンコールトム、"女の砦"という意味を持つバンテアイスレイ、ガジュマルの根が遺跡を侵食しているタプロームなど見所満載だ。

✓ シェムリアップ
チェックポイント

アンコールワットの南6kmの距離にある、遺跡観光の拠点となる町。カンボジアの歴史や伝統、文化を短時間で堪能できるカンボジア・カルチャー・ビレッジや、鮮やかな衣装をまとった妖艶な美女たちが舞踊るアプサラダンスもオススメ。

🛍 カンボジア土産

活気溢れる市場やナイトマーケットをはじめ、様々な所で土産物を購入することができる。アンコールワットの形を模した「アンコールクッキー」やお香、キャンドル、スカーフ、石鹸など様々なものが揃う。いずれも日本の物価から考えると安価なので、楽しく買い物できるだろう。

❌ 宮廷料理

名の通った料理人達が、努力と経験を活かして創作した最高傑作品。南国の素材を活かし、魚や肉も使用する。盛りつけも華やかで美しい。シェムリアップではラッフルズホテル内のル・グランド・レストランが有名だ。

周辺情報
One more trip

トンレサップ湖クルーズ

東南アジア最大の湖。雨季には大きさが3倍に膨れ上がることでも知られる。クルージングの魅力は水上で生活する人々の様子を垣間見れること。学校や市場、教会、食堂、ガソリンスタンド、警察署などが湖に浮いている。

169

TRIP 26

2,000年前の営みを現代に伝える
一夜にして消えた、幻の街

「ポンペイ、エルコラーノ及びトッレ・アヌンツィアータの遺跡地域」イタリア
Archaeological Areas of Pompei, Herculaneum and Torre Annunziata / Italy

文化遺産

文化遺産	一夜にして消えた、幻の街

「ポンペイ、エルコラーノ及びトッレ・アヌンツィアータの遺跡地域」

「ナポリを見てから死ね」と言われる程、風光明媚な光景が広がる港湾都市ナポリ。イタリア南部最大の都市で、歴史を物語る街の一部は「ナポリ歴史地区」として世界遺産に登録されている。その南東約30kmの距離に、幻の街ポンペイは位置する。

西暦79年8月24日。ポンペイの北西にそびえる、標高1,281mのヴェスヴィオ火山が噴火した。ポンペイをはじめとした山麓の街には有毒ガスが充満し、人々の命を奪うと共に、降り注ぐ火山灰が完全に街を覆った。こうして紀元前より発展を遂げ、栄華を極めていた古代ローマの都市は、一瞬にして歴史から姿を消すことになったのだ。

18世紀から始まった発掘によって、約1700年の時を超えて再び世に姿を現したポンペイ。火山灰に埋もれていたことで抜群の保存状態を誇り、貴重な当時の街並みや人々の生活を存分に見ることができる遺跡だ。

碁盤目状の街に走る石畳の道路の両側は低くなっていて、雨水の通路となっている。また、横断歩道や馬車用の車止めまでが整備されている。街には、アポロやユピテルなどの神殿、円形闘技場など、古代ローマを象徴する建造物の他に、人々の営みを垣間見ることができる物も多く残っている。猛犬注意の文字と共に犬のモザイク画が敷かれた家の玄関やパン屋、洗濯屋、公衆浴場に居酒屋まで。まさしく街そのものがここには存在しているのだ。

一夜にして失われたがしかし、遙かなる時を超えて現代に蘇った2,000年前の街を歩こう。

173

Travel Information: 26

文化遺産: **ポンペイ、エルコラーノ及びトッレ・アヌンツィアータの遺跡地域**
Archaeological Areas of Pompei, Herculaneum and Torre Annunziata

 イタリア / Italy

WORLD MAP

《いくらかかる？》 How much?
11.4万円〜
＜2泊5日／大人1名分の総予算＞

■総予算内訳
※「旅の予算」は右頁「PLAN」の目安料金です。
□飛行機代
□宿泊費1名分(2名1室利用時)
□ナポリ・ポンペイ1日観光ツアー代
□食事(朝2回)
□燃油サーチャージ

《どうやって行く？》 How to get there
約15時間
＜片道の合計時間＞
※空港等での待機時間含ます

成田からイタリアの首都ローマまで直行便が運行している。成田〜ローマは約12時間50分。
ローマからナポリまでは列車で約1時間、ナポリからポンペイまでは車で約40分。

《いつが安いの？》 Low Cost Season
11月〜3月
＜手頃なシーズン＞

1年を通じて温暖な気候で冬(12〜2月)でも最高気温は10度を超える。また朝晩は冷え込む為、いずれの時期であっても上着は必要となる。リーズナブルに行ける時期は11〜3月頃。

《この旅のヒント》 Hint!
ポンペイへはローマ発着の日帰りツアーを利用するのが便利。

◆イタリアには見所が多い為、時間に余裕があれば他都市との組み合わせも多く考えられる。ポンペイの他にも、美しい海岸線が続くアマルフィコーストや花の都フィレンツェ、青の洞窟で有名なカプリ島など、行き先の選択肢は多い。＋αの希望があれば旅行会社に相談して旅を組み立ててみよう。
◆簡単にナポリやポンペイへ行くには、ローマ発着の日帰りオプショナルツアーを利用するのが一般的だ。
◆成田からローマまで直行便が運行しているが、乗り継ぎ便を利用することでよりリーズナブルに行ける場合も多いので、航空券手配前に確認してみよう。

PLAN
プラン例／2泊5日

1日目	夜	成田発〜乗り継ぎ〜ローマへ【機中泊】
2日目	午前	ローマ着
	午後	ローマ【ローマ泊】
3日目	終日	ナポリ・ポンペイ1日観光【ローマ泊】
4日目	午後	ローマ発〜乗り継ぎ〜成田へ【機内泊】
5日目	夕方	成田着

CHECK!

✓ ローマ
チェックポイント

「永遠の都」と呼ばれるほど歴史豊かな町で、世界遺産の宝庫とも言われている。映画『ローマの休日』のロケ地としても知られるスペイン広場やトレビの泉、真実の口などの有名観光地は、半日もあれば巡ることができる。名物のジェラートを片手にローマの石畳を歩こう。

✓ ナポリ
チェックポイント

イタリア第3の都市。美しい海岸線や燦々と輝く太陽、温暖な気候から陽気な雰囲気に満ちている。ナポリを一望できる「ヴォメロの丘」や現役で使用されている中でヨーロッパ最古の歌劇場「サン・カルロ劇場」などたくさんの見所がある。他の観光地への拠点にもなる街だ。

✗ マルゲリータ
食事

ピザ発祥の地と言われるナポリ。美味しいパスタやシーフードも堪能できるが、ブランディというお店が発祥したマルゲリータ（塩味が効いた厚めの生地の上にトマト、モッツァレラチーズ、バジルを置いて焼いたピザ）は是非とも味わいたい。

周辺情報
One more trip

カプリ島

ナポリからフェリーで約40分の場所に位置するカプリ島。最大の見所は「青の洞窟」。神秘的なブルーの光が洞窟内を染めることで憧憬の的となっている。波が少しでも高いと入場禁止になるという面も持つが、チャレンジする価値は大。碧き世界を目指してみよう。

フィレンツェ

花の都フィレンツェとピサの斜塔に、ローマから日帰りで行くことができる。フィレンツェでは、神の家＝ドゥオーモ「サンタ・マリア・デル・フィオーレ大聖堂」は外せない。また、革製品が多く売っているので、ウィンドウショッピングも楽しめる。

TRIP 27

シルクロードの文化交差路
悠久の歴史を誇る青の都

「サマルカンド - 文化交差路」ウズベキスタン
Samarkand - Crossroad of Cultures / Uzbekistan

文化遺産

| 文化 | 悠久の歴史を誇る青の都 |
| 遺産 | 「サマルカンド」 |

カザフスタンやアフガニスタン、キルギスなどに囲まれた中央アジアに位置するウズベキスタン。海に出るにはふたつの国境を越えないといけないという、世界でも希にみる二重内陸国だ。首都は北東部に位置する中央アジア最大の都市タシケント。中央アジアの玄関口として知られ、地下鉄が通るほどに近代化されている街だ。

その南西、約300kmの所にウズベキスタンの古都サマルカンドはある。紀元前よりシルクロード交易の中心地として栄え、幾度も占領と戦争に巻き込まれてきた歴史を持つ街だ。人々を魅了するこの街の最大の特徴は、青のタイルを使用した建築物群。かつてこの地に一代にして大帝国を築いたティムールが、東西から優秀な職人を呼び寄せ築かせたものだ。

サマルカンドの象徴とも言えるレギスタン広場には3つの壮麗なマドラサ＝神学校がある。屋根や外壁には、何種類もの青色で紡がれた幾何学模様のタイルが使われている。それが抜けるような青空と相まって、この街は「青の都」と呼ばれているのだ。広場の正面に立つと、目に焼きつくようなサマルカンドブルーと、砂漠が生み出すエキゾチックな空気感にかつてシルクロードを往来していた旅人たちの喧騒が聞こえてくるようだ。

他にもティムールが眠るグル・エミル廟、古代の壁画や偶像などを展示しているサマルカンド歴史博物館、市民の台所バザール(市場)などを巡ってみよう。そこには、イスラム世界の宝石とも謳われる美しい街が広がっている。

Travel Information: 27

文化遺産:
サマルカンド-文化交差路
Samarkand - Crossroad of Cultures

 ウズベキスタン / Uzbekistan

WORLD MAP

いくらかかる?
How much?
10.9万円〜
<3泊5日／大人1名分の総予算>

■総予算内訳
※「旅の予算」は右頁「PLAN」の目安料金です。
□飛行機代
□宿泊費1名分(2名1室利用時)
□現地送迎
□食事(朝3回)
□列車代(タシケント〜サマルカンド往復)
□燃油サーチャージ

どうやって行く?
How to get there
約14.5時間
<片道の合計時間>
※空港等での待機時間含ます

成田からウズベキスタンの首都タシケントまで直行便が運行しているが、便数が少なく選択肢が少ない。その為、韓国のソウルなどを乗り継いで行くのが一般的だ。成田〜ソウルは約2時間40分、ソウル〜タシケントは約7時間40分。タシケントからサマルカンドまでは列車で約4時間の移動となる。

いつが安いの?
Low Cost Season
10月〜3月
<手頃なシーズン>

夏は40度に達することもあり、冬は零下を記録することもある。どの時期も降水量が少なく乾燥した気候が特徴だ。リーズナブルに行ける時期は10〜3月頃。

この旅のヒント
Hint!
タシケントからサマルカンドまでは陸路でも空路でも行ける。

◆本書ではタシケントからサマルカンドまでのアクセスを陸路で紹介したが、空路を使う選択肢もある。スケジュールや費用などの兼ね合いによって決めよう。
◆タシケントを拠点にサマルカンドや「周辺情報」で紹介しているブハラやヒヴァなどにアクセスすることができる。どの場所に訪れたいかによって周遊ルートが異なるので、時間が許す限り多くの場所を巡りたい場合は、旅行会社に相談して効率のいい行程を決めるのがベターだ。

PLAN

プラン例／3泊5日

1日目	終日	成田発〜乗り継ぎ〜タシケント着【タシケント泊】
2日目	午前	サマルカンドに移動
	午後	サマルカンド【サマルカンド泊】
3日目	終日	サマルカンド
	夕方	タシケントに移動【タシケント泊】
4日目	午前	タシケント
	午後	タシケント発〜乗り継ぎ〜成田へ【機内泊】
5日目	午前	成田着

CHECK!

✔ タシケント

チェックポイント

歴史的なオアシス都市で、ウズベキスタンの玄関口として発展を遂げ続けている。高さ375mのタシケントタワーには登ることができ、回転する展望レストランで食事を楽しむことができる。他にも博物館やバザール、ショッピングセンターなどがある。

✔ サマルカンド

チェックポイント

レギスタン広場の3方に建つ精緻な装飾が施された3つのマドラサ、新市街に位置するラスベットという小高い丘から一望するサマルカンドの街、中央アジア最大のビビハニム・モスク、食品から土産まで揃うシアブ・バザールなどの見所を巡ろう。

✖ ウズベキスタン料理

食事

もともと遊牧民が多いので羊肉料理が多い。羊肉や人参、玉ねぎの入った米料理プロフ、羊肉と野菜がのった麺料理ラグメンなどはどこでも食べられる国民食。平たくて丸いパティールというパン、ジャガイモや肉が入ったあげパンのようなサムサは路上でも購入できる軽食だ。

周辺情報

One more trip

ブハラ

サマルカンドの西、約220kmに位置するオアシスの町。16世紀頃に築かれた旧市街が現在も残り、世界遺産に登録されている。日干し煉瓦の土色の中に、モスクの屋根やマドラサの青いタイルが見事に映えている。高さ約45mのカラーンミナレットからは抜群の眺望を楽しめる。

ヒヴァ

タシケントの西、約760kmに位置する、こちらもオアシスとして栄えた町。二重の城壁で囲まれている旧市街イチャン・カラが世界遺産に登録されていて、現在も約3,000人以上の人々が暮らしている。モスクやミナレット、廟など、美しいイスラム建築も見所だ。

TRIP 28

スコットランドの首都
新市街と旧市街が調和する町

「エディンバラの旧市街と新市街」イギリス
Old and New Towns of Edinburgh / England

文化遺産

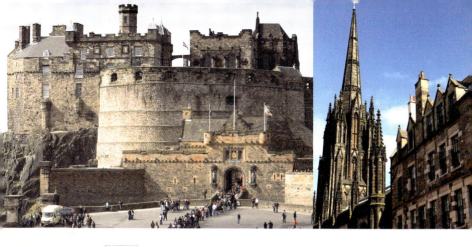

|文化遺産| 新市街と旧市街が調和する町
「エディンバラの旧市街と新市街」

正式名称を「グレートブリテン及び北アイルランド連合王国」とするイギリスは、イングランド、スコットランド、ウェールズ、北アイルランドの4つの国から構成されている。首都エディンバラを擁するスコットランドは、本島であるグレートブリテン島の北部1/3と、大小700以上もの島を持つ。

本島の東岸に位置するエディンバラには石畳が続き、中世の趣が残る旧市街と、18世紀以降に建設された新市街がある。どちらも世界遺産に登録され、その対照的な街並みはエディンバラの歴史の豊かさを物語っている。旧市街には岩山の上にそびえ立つエディンバラ城やエリザベス女王の公邸であるホリールードハウス宮殿、城と宮殿を繋ぐメインストリートのロイヤル・マイルの両端に並ぶ建物など、貴重な歴史的建造物が点在している。旧市街の北に位置する新市街は、都市計画の最高傑作と称されている。"新"市街と言っても18世紀から築かれた新古典主義の街で歴史は古く、その美しく区画整理された街は他のヨーロッパ諸国の都市計画に影響を与えたと言われているものだ。

新旧が調和し、イングランドとはまた異なる趣が魅力のエディンバラ。街を一望できる絶景スポット、エディンバラ城や小高い丘「カルトン・ヒル」から全景を眺め、スコットランドが歩んできた歴史に想いを馳せたい。

185

Travel Information: 28

文化遺産:
エディンバラの旧市街と新市街
Old and New Towns of Edinburgh

 イギリス / England

WORLD MAP

《いくらかかる？》
How much?
8.5万円〜
<2泊5日／大人1名分の総予算>

■総予算内訳
※「旅の予算」は右頁「PLAN」の目安料金です。
- □ 飛行機代
- □ 宿泊費1名分（2名1室利用時）
- □ 食事（朝2回）
- □ 燃油サーチャージ

《どうやって行く？》
How to get there
約13.5時間
<片道の合計時間>
※空港等での待機時間含ます

日本からスコットランドまで直行便は運行していない。ヨーロッパ（ドイツのフランクフルトなど）や中近東（カタールのドーハなど）の1都市を乗り継いで行くことが一般的だ。成田〜フランクフルトは約11時間40分、フランクフルト〜エディンバラは約1時間50分。

《いつが安いの？》
Low Cost Season
11月〜3月
<手頃なシーズン>

1年を通じて気温は低く、夏（7〜9月）でも薄い上着は必要となる。他の時期は、氷点下になることはほとんどないが、厚手の上着を持参しよう。リーズナブルに行ける時期は11〜3月頃。

《この旅のヒント》
Hint!
ロンドンまで片道約5時間かかるけど、合わせて訪れることも可能。

◆比較的治安の良い街だが、スリや置き引きなどの被害も報告されているので、身のまわりの物には注意しよう。
◆イギリスの中心地ロンドンと共に巡ることも可能だ。しかし、ロンドンからエディンバラまでは電車で片道約5時間の移動となるので、スコットランドもイングランドも同時に楽しみたい人は、旅行会社に相談しながら効率的な行程を検討しよう。

PLAN
プラン例／2泊5日

1日目	終日	成田発〜乗り継ぎ〜エディンバラへ【機内泊】
2日目	午後	エディンバラ着【エディンバラ泊】
3日目	終日	エディンバラ【エディンバラ泊】
4日目	午後	エディンバラ発〜乗り継ぎ〜成田へ【機内泊】
5日目	午後	成田着

CHECK!

✓ エディンバラ
チェックポイント

旧市街は坂が多く、新市街は比較的平坦な地形だ。レストランが多く食事も楽しめ、またバーやパブ、ライブハウスなども多いので夜も満喫できる。古着屋から高級ブティックまでが揃うショッピングや、旧市街の地下都市を巡るミステリーツアーもオススメだ。

タータン

日本ではタータンチェックと呼ばれる格子柄の毛織物。スコットランドの民族衣装に用いられるもので、男性がスカート状のものを着用している光景を街でよく見かける。シャツや肩掛け、マフラーなどにも使われ、その模様の種類は数百を数える。専門店でお気に入りの柄を見つけよう。

✕ ハギス
食　事

スコットランドの伝統料理で一般家庭でもよく食卓に上るもの。羊の胃袋に茹でた羊の内臓とオートミール、玉ネギ、ハーブ、香辛料などを詰めて蒸す詰め物料理だ。コッテリとした味で、スコッチウィスキーと良く合う。肉屋やスーパーなどで購入可能だ。

周辺情報
One more trip

ハイランド

ケルト文化が色濃く残るスコットランド北部の山岳地帯。ネッシーでお馴染みネス湖や、その湖畔にある村やアーカート城を散策したりするツアーが人気だ。また、険峻な山々と氷河によって削られた渓谷が奏でる景観が美しいことで知られるグレンコーもオススメだ。

グラスゴー

エディンバラの西、約80kmに位置するスコットランド最大の都市。近代的な街には、飲食店や20以上もの博物館や美術館、スタイルマイルというショッピングエリア、ウィスキーの蒸留所などがある。また国民的人気を誇るサッカーの博物館もあるので、サッカー好きは是非。

187

TRIP 29　珊瑚礁の広がる豊穣の海と
巨大コモドドラゴンが住むサバンナの島

「コモド国立公園」インドネシア
Komodo National Park / Indonesia

自然遺産

<small>自然遺産</small> 巨大コモドドラゴンが住むサバンナの島
「コモド国立公園」

インドネシア南東部に浮かぶ、コモド島、リンチャ島、パダル島と、それらを囲む海域からなるコモド国立公園。この地域は、季節風の影響を受けるサバンナ気候となり、熱帯雨林気候に属するインドネシアの中でも特別な環境に置かれてきた。その結果、特殊な生態系が育まれ、1991年に世界遺産に登録された。

コモド島の代名詞にもなっているのが、世界最大のトカゲ、コモドラゴンだ。ウロコに覆われた強靭な皮膚に、逞しい足と巨大な尻尾を持ち、大きいものでは体長3m、体重100kgを超える。乱獲により絶滅危惧種に指定され、現在では約2,500頭にまでその数を減少させている動物だ。その誕生は白亜紀にまで遡ると言われる通り、まるで恐竜と見紛う程の迫力を持っている。普段はおとなしく、暑い日中は寝ていることが多いが、時にシカやバッファローなどの大きな動物さえ、補食対象とする程の獰猛さも合わせ持つ。ギザギザの尖った歯で噛み付き、唾液に含まれる毒によって、数時間後には死に至らしめるのだ。

コモドラゴンは、公園内の草原や砂浜を心強いレンジャーと歩くことで見られる。のっそのっそと歩く姿や足を投げ出して眠る姿、木の上に住む赤ちゃんドラゴン……と、そのつぶらな瞳を見ているとだんだん愛らしくなってくるだろう。

また海辺には、赤い珊瑚と白い珊瑚が混じり合うことによってできた、ピンク色に染まるビーチが広がる。恐竜と出会い、海遊びも堪能できる島へ。

Travel Information: 29

自然遺産:
コモド国立公園
Komodo National Park

 インドネシア / Indonesia

WORLD MAP

いくらかかる?
How much?
11.7万円〜
<2泊4日/大人1名分の総予算>

■総予算内訳
※「旅の予算」は右頁「PLAN」の目安料金です。
☐ 飛行機代
☐ 宿泊費1名分(2名1室利用時)
☐ 現地送迎(ラブハンバジョ〜コモド島往復)
☐ 食事(朝1回)
☐ 燃油サーチャージ

どうやって行く?
How to get there
約10時間
<片道の合計時間>
※空港等での待機時間含みます

デンパサールからはコモド島最寄りの空港ラブハンバジョへ国内線で移動する。成田〜デンパサールは約7時間30分、デンパサール〜ラブハンバジョは約1時間30分。ラブハンバジョからコモド島までは高速船で約1時間。

いつが安いの?
Low Cost Season
5月〜6月
10月〜12月
<手頃なシーズン>

大まかに乾期(3〜11月)、雨期(12〜2月)に分かれる。1年を通じで最高気温の変化はさほどないが、乾期は朝晩の気温差が大きくなる。リーフナブルに行ける時期は5〜6月、10〜12月頃。

この旅のヒント
Hint!
コモドドラゴンは歩いて探すので、歩きやすい靴を持っていこう。

◆2時間ほどのトレッキングコースを歩きながら、コモドドラゴンに出会うのが一般的。履き慣れた歩きやすい靴を持参しよう。
◆ドラゴンが襲いかかってくる可能性はゼロではない。常にガイドの後ろを歩くよう心がけ、指示に従うようにしよう。

PLAN
プラン例／2泊4日

1日目	終日	成田発〜デンパサール着【デンパサール泊】
2日目	朝	デンパサール発〜ラブハンバジョ着
	終日	コモド島【ラブハンバジョ泊】
3日目	朝	ラブハンバジョ発〜デンパサール着
	終日	デンパサール
	深夜	デンパサール発〜成田へ【機内泊】
4日目	朝	成田着

CHECK!

✅ コモド国立公園　　　　　　　　　　　　　チェックポイント

エメラルドグリーンに輝く海には、珊瑚礁と大小の魚たち、マンタ、サメ、カメ、ジュゴン、イルカなど世界でも豊かな海洋生物が生息している。コモドドラゴン見学の他、トレッキングやシュノーケリング、ダイビング、シーカヤックなども体験可能だ。

✅ ラブハンバジョ　　　　　　　　　　　　　チェックポイント

フローレンス島最西端の小さな漁村。コモド空港があり、群島へ向かう船の出航地でもあり、中継地点でもある。ホテルやレストラン、ダイビングショップ、旅行代理店が数軒ある。高台からは美しい海と島々の稜線を眺めることができる。

✅ デンパサール　　　　　　　　　　　　　　チェックポイント

バリ島南部に位置し、政治、商業の中心地でもあり、バリ観光の基点でもある。町の中心的存在ププタン広場周辺にはジャガナタ寺院やバリ博物館、ショッピングセンター、マーケットなどがあり終日賑わっている。美味しい食事、スパ、郊外のツアーにも事欠かない。

❌ トロピカルフルーツ

フローレス島にはココナッツやマンゴー、パパイヤなどのフルーツが豊富だ。特にバナナは万能で生食やお菓子、ドリンクはもちろん、煮たり焼いたり調理にも使用する。食材をバナナの葉で包んだ料理や、バナナハートという花の蕾も食べられている。

周辺情報　　　　　　　　　　　　　　　　　　　　　　One more trip

ジャカルタ

インドネシアの首都で、高層ビルが立ち並び、巨大ショッピングモールや高級レストランもあるメガシティ。歴史や絵画＆陶磁器、切手、銀行、軍事、ワヤン人形などの博物館に加え、ドラゴン博物館もある。野生ではないが本物を見ることが可能だ。

TRIP 30　湖と森の国に佇む華麗なる宮殿
北欧のヴェルサイユ

「ドロットニングホルムの王領地」 スウェーデン
Royal Domain of Drottningholm / Sweden

文化遺産

| 文化遺産 | 湖と森の国に佇む華麗なる宮殿 |

「ドロットニングホルムの王領地」

ヨーロッパ北部、スカンジナビア半島の中心部に位置するスウェーデン。国土の大部分を森が覆い、また多くの野生動物が生息する自然豊かな国だ。その自然の恩恵を人々が享受できるように制定されたのが、自然享受権。自然を傷付けたり、他人に迷惑をかけたりしなければ、私有地であっても自然の中で過ごしてもよいというものだ。

大小14の島々から構成される首都ストックホルムには、近代的な建造物が並ぶ。しかし水の都と称されるこの街には、その名の通り縦横無尽に水が流れる運河が整備され、また緑も豊富に残っている。その郊外に浮かぶローベン島にあるのが、ドロットニングホルムの王領地、そして宮殿なのだ。

17世紀に完成した頃から姿をほとんど変えることなく現在に残るその宮殿は、内装や調度品、庭園など、フランスとイタリアの影響を受けて築かれた。その豪華絢爛な作りから、「北欧のヴェルサイユ」と呼ばれ、ヨーロッパを代表する宮殿のひとつとなったのだ。

1981年より王室一家の永久住宅となり、現在も南側半分が住居となっているが、その他は一部を除いて一般公開されている。手入れの行き届いたバロック様式の庭園や品のあるクリーム色で塗られた外観、3階建ての中に220もある装飾が施された部屋、宮廷劇場、中国離宮……など広大な敷地に見所が点在している。

スウェーデン王家が歴史を紡いできた島に立ち、素晴らしき王領地と自然を堪能しよう。

Travel Information: 30

文化遺産：
ドロットニングホルムの王領地
Royal Domain of Drottningholm

 スウェーデン / Sweden

WORLD MAP

いくらかかる？
How much?
9万円〜
<2泊5日／大人1名分の総予算>

■総予算内訳
※「旅の予算」は右頁「PLAN」の目安料金です。
□飛行機代
□宿泊費1名分(2名1室利用時)
□ドロットニングホルム宮殿入場料
□24時間乗り放題のトラベルチケット代
□食事(朝2回)
□燃油サーチャージ

どうやって行く？
How to get there
約16時間
<片道の合計時間>
※空港等での待機時間含みます

日本からスウェーデンの玄関口ストックホルムまで直行便は運行していない。アジアや中東の1都市、フィンランドのヘルシンキなどを乗り継いで行くのが一般的だ。ストックホルムからドロットニングホルムの王領地までは地下鉄とバス、夏期(4月〜10月)はフェリーを利用して約1時間。

いつが安いの？
Low Cost Season
11月〜3月
<手頃なシーズン>

高緯度に位置している為、気温は低く1〜4月、10〜12月は日中でも一桁の気温になる。5〜9月は比較的暖かくなるが、朝晩は冷えこみ、また日中でも上着は必要だ。リーズナブルに行ける時期は11〜3月頃。

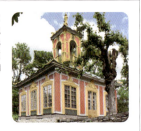

この旅のヒント
Hint!
公共交通機関を多用して移動する場合はコペンハーゲンカードが便利。

◆空港などで購入できるストックホルムカードというものがある。公共交通機関や博物館、美術館、その他観光スポットなどの入場が無料になるものだ。公共交通機関を多用してストックホルムを移動する場合はお得なので、購入を検討してみよう。

PLAN
プラン例／2泊5日

1日目	夜	成田発～乗り継ぎ～ストックホルムへ【機内泊】
2日目	午後	ストックホルム着　ドロットニングホルム【ストックホルム泊】
3日目	終日	ストックホルム【ストックホルム泊】
4日目	朝	ストックホルム発～乗り継ぎ～成田へ【機内泊】
5日目	午後	成田着

CHECK!

✓ ストックホルム　　　　　　　　　　チェックポイント

北欧最大の都市で、水の都の他に北欧のヴェネチアという異名も持つ。最大の見所は、ストックホルム発祥の地でもある小島に築かれたガムラスタンという名の旧市街。世界遺産に登録されたこの古い町には17世紀の建築物が建ち並び、中世の雰囲気に満ちている。

✓ ストックホルム観光　　　　　　　　チェックポイント

新市街には、ノーベル賞の祝賀晩餐会が行われ、街のシンボルにもなっている市庁舎や、1628年の処女航海によって沈没した戦艦ヴァーサ号の博物館、歩行者天国となっているメインストリート"ドロットニング通り"などの見所もある。

🛍 スウェーデン土産

工芸品の代表となるダーラ馬の置物をはじめ、バターナイフなどの木工品、マフラーやセーター、ブランケット、ラグなどの布製品、ワイングラスなどのガラス製品……と、長く厳しい冬を乗り越える為の、温もりあるスウェーデンデザインが至る所にある。北欧ショッピングを楽しもう。

周辺情報　　　　　　　　　　　　　　　　　　　　　　One more trip

ストックホルム群島

ストックホルムの周囲、バルト海に散らばるおよそ2万4千の島々。レストランなどが多くあるフィヤーデルホルマナ島、カラフルな町並みが目を楽しませてくれるヴァックスホルム島など島ごとに魅力がある。日帰りクルーズが催行されているので、島巡りを楽しんでみよう。

ヴィスビー

ストックホルムから飛行機で約45分に位置するゴットランド島のヴィスビー。映画『魔女の宅急便』の舞台と言われる港町で、古い町並みが残り世界遺産に登録されている。連なる赤褐色の屋根や石畳、軒先に植えられた花々など映画同様の世界が広がっている。

TRIP 31 湿地帯から宗教都市への変貌
現在も人々が集う神聖な祈りの街

「バゲルハットのモスク都市」バングラデシュ
Historic Mosque City of Bagerhat / Bangladesh

文化遺産

| 文化 | 現在も人々が集う神聖な祈りの街 |
| 遺産 | 「バゲルハットのモスク都市」 |

インドの東に位置するバングラデシュ。「ベンガル人の国」を意味する国名通り、多くのベンガル人が暮らす国だ。バングラデシュは世界で最も人口密度の高い国のひとつと言われ、国土の中央に位置するダッカは、その首都だけあって活気と喧噪に満ちている。「バゲルハットのモスク都市」観光の拠点となるのは、ダッカの南西約150kmの距離にある街、クルナ。その更に南、約60kmの場所にバゲルハットはあるのだ。

15世紀前半、かつて広大な湿地帯だったこの地は、トルコ出身のカーン・ジャハン将軍によって開拓され、宗教都市へと発展した歴史を持つ。イスラムの建築様式を取り入れて築かれた数百ものモスクや霊廟は、カーン・ジャハン様式と呼ばれ、この地でしか見ることができないものだ。中でも代表的なシャイト・ゴンブス・モスジットは、「60のドームを持つモスク」という意味だが、実際は半球型のドームの屋根が77個と、ミナレットという四方の塔のドーム4個を含むと計81個ある。バングラディッシュ最大級の大きさを誇るこのモスクは、レンガ作りの外観とは異なり、内部にはアーチ状に並んだ白い石柱が並び、建物を支えている。また、このモスクは世界遺産に登録されているものの、現在でも神聖な祈りの場だ。時間帯によっては敬虔なイスラム教徒たちの礼拝が行われている。近郊には、モスク内部にある礼拝堂正面にあたる壁「ミフラーブ」に美しい装飾が施されているシンガーモスク、カーン・ジャハン宮殿跡、カーン・ジャハン廟など現在でも約50もの建築物が残っている。素朴な風景の中に残る、宗教都市の痕跡に出会う旅へ。

203

Travel Information: 31

文化遺産:
バゲルハットのモスク都市
Historic Mosque City of Bagerhat

 バングラデシュ / Bangladesh

WORLD MAP

いくらかかる?
How much?

10.9万円〜
<3泊5日/大人1名分の総予算>

■総予算内訳
※「旅の予算」は右頁「PLAN」の目安料金です。
□飛行機代
□宿泊費1名分(2名1室利用時)
□現地移動代(ジェッソール〜クルナ往復、クルナ〜バゲルハット往復)
□食事(朝3回)
□燃油サーチャージ

どうやって行く?
How to get there

約15.5時間
<片道の合計時間>
※空港等での待機時間含みます

日本からバングラデシュまで直行便は運行していない。アジアや中東1都市での乗り継ぎが必要となる。成田〜クアラルンプールは約7時間30分、クアラルンプールからダッカは約4時間。ダッカからジェッソールまで国内線で約45分、ジェッソールからクルナまで車で約2時間。クルナからバゲルハットまでは車で約1時間の移動となる。

いつが安いの?
Low Cost Season

5月〜6月
10月〜11月
<手頃なシーズン>

4〜10月の最高気温は30度を越え、雨が多い時期。最も気温の下がる1月の最低気温は10度を超え、1年を通じて気温が高い地域となる。リーズナブルに行ける時期は5〜6月、10〜11月頃。

この旅のヒント
Hint!

観光スポットは一ヶ所に固まっていないので自転車タクシーなどで巡ろう。

◆モスクなど建造物は一ヶ所に固まっていない。それぞれの移動を徒歩で行うのは厳しいので、リキシャ(自転車タクシー)などを貸し切って巡ろう。
◆モスクに入る際は、男女共に肌の露出の控えた服装で。また、お祈り中などは失礼のないように入場の可否を入口で確認してから見学しよう。

PLAN
プラン例／3泊5日

1日目	終日	成田発〜クアラルンプール乗り継ぎ〜ダッカ着【ダッカ泊】
2日目	終日	ダッカ発〜ジェッソール着、バゲルハットに移動【クルナ泊】
3日目	終日	バゲルハット【クルナ泊】
4日目	終日	クルナに移動、ジェッソール発〜ダッカ、クアラルンプール乗り継ぎ〜成田へ【機内泊】
5日目	夜	成田着

CHECK!

✓ クルナ
チェックポイント

規模は小さいながらもバングラデシュ第3の都市。バゲルハットや周辺情報で紹介しているシュンドルボンを旅する時の基点になる街だ。海に近いことから、豊富な海産物が自慢のひとつで、特にエビが有名だ。また、清潔な宿泊施設も多数ある。

✓ ダッカ
チェックポイント

バングラデシュの首都。古い建物や宗教施設、商店が並ぶ旧市街は見所が多い。ラルバーグ城、スターモスクは必見だ。芸術地区のベンガルアートギャラリー、最大のショッピングセンターがあるミルプールや、青空市場ニューマーケットで買い物も楽しめる。

✘ シュンドルボンハニー

蜜蜂の一大生息地でもあり、ベンガルタイガーの生息地でもあるマングローブの森。ハニーハンターがタイガーの危険をかえりみずに命懸けで採取したした蜂蜜は、栄養価が高く美味と評判が高い。市場やホテルで販売しているので、土産にオススメの一品だ。

周辺情報
One more trip

シュンドルボン

「美しい森」を意味する、総面積6000㎢にも及ぶ世界最大のマングローブの原生林。世界自然遺産にも登録され、貴重な自然が残っている。ワニや川イルカ、シカ、野鳥、ベンガルタイガーの生息地としても有名だ。

バハルプール

バングラデシュ北部の街ボグラから車で約2時間30分の距離にある仏教遺跡。バゲルハットのモスク都市、シュンドルボンと並び、バングラデシュに3つ存在する世界遺産の1つだ。インド亜大陸最大の仏教遺跡として知られ、細部に施された彫刻が美しい。

TRIP 32　天を目指しめざし積み上げた632年
世界最大級のゴシック建築

「ケルン大聖堂」ドイツ
Cologne Cathedral / Germany

文化遺産

文化
遺産

世界最大級のゴシック建築
「ケルン大聖堂」

ドイツ中西部に位置し、父なる川と称えられるライン川が流れる古都ケルン。この街には天高くそびえる巨大な建造物がある。632年にも及ぶ長い年月をかけて築かれた、世界最大級のゴシック建築であり、世界遺産に登録されているケルン大聖堂だ。
現存する大聖堂は3代目となり、4世紀に建てられた初代、そして9世紀に建てられた2代目から歴史を継承している。現在に残る3代目の建築は1248年に始まったが、財政難により16世紀に工事が中断。200年経った19世紀に再開したが、その後も第二次世界大戦で爆撃を受け破壊されるなど、幾多の困難を乗り越え1956年、遂に修復が完了したのだ。
2つの尖った塔の高さは157m。コンクリートではなく石を積み上げて造られているので、高層ビルと比べてもその重量感は桁違いだ。しかし、その大きさもさることながら、旧約聖書に登場する場面など、細部まで施された精緻な彫刻に目を奪われるだろう。
ステンドグラスから神々しい光が射し込んでいる内部は、高い天井に描かれたアーチやフレスコ画、柱の彫刻など、すべてが調和した空間になっている。中央祭壇には、イエス・キリストの誕生を予言した三博士の頭蓋骨が入っているとされる黄金の棺が佇む。南塔の533段の階段を上がると展望台があり、一気に視界が開けケルンの街を一望できる。
「この大聖堂が終わることがあるならば、世界は滅亡するであろう」という諺があるほど、愛され、人々の心の支えになっている、古都ケルンのシンボルに出会う旅へ。

Travel Information: 32

文化遺産:
ケルン大聖堂
Cologne Cathedral

ドイツ / Germany

WORLD MAP

いくらかかる?
How much?
10.9万円〜
<2泊5日/大人1名分の総予算>

■総予算内訳
※「旅の予算」は右頁「PLAN」の目安料金です。
□飛行機代
□宿泊費1名分(2名1室利用時)
□ケルン大聖堂オプショナルツアー代
□食事(朝2回)
□燃油サーチャージ

どうやって行く?
How to get there
約13時間
<片道の合計時間>
※空港等での待機時間含みます

日本からドイツの玄関口のひとつフランクフルトまで直行便が運行している。成田〜フランクフルトは約11時間40分。フランクフルトからケルン大聖堂までは列車で約1時間30分。

いつが安いの?
Low Cost Season
11月〜3月
<手頃なシーズン>

日本と同様に四季があるが、1年を通じて乾燥している。6〜9月は平均最高気温が20度を超えるが、3、4、10月は10度台、1、2、11、12月は概して気温は低めだ。いずれの時期も朝晩は冷え込む。リーズナブルに行ける時期は11〜3月頃。

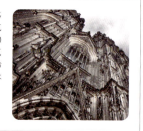

この旅のヒント
Hint!
リーズナブルに行ける場合が多い、乗り継ぎ便を手配前に確認しよう。

◆ケルン大聖堂の周辺で、様々なキャラクターに扮している人々がいる場合がある。勝手に写真を撮ったり、また一緒に撮ったりするとチップを要求される場合があるので、注意しよう。
◆内部は見学自由となっているが、神聖な祈りの場であるので周囲の人々に配慮しよう。
◆成田からフランクフルトへ直行便が運行しているが、中近東1都市などの乗り継ぎ便を利用することでよりリーズナブルに行ける場合が多い。航空券手配前に確認してみよう。

PLAN
プラン例／2泊5日

1日目	夜	成田発～乗り継ぎ～フランクフルトへ【機内泊】
2日目	午後	フランクフルト着【フランクフルト泊】
3日目	終日	ケルン大聖堂【フランクフルト泊】
4日目	午前	フランクフルト発～乗り継ぎ～成田へ【機内泊】
5日目	午後	成田着

CHECK!

✓ ケルン
チェックポイント

ライン川中流に位置する街。ライン川に架かるホーエンツォレルン橋は大聖堂と並ぶケルンのシンボルだ。また、ローマ時代の遺跡が展示されているローマ・ゲルマン博物館やチョコレート博物館の見学、店が軒を連ねるホーエ通りでのショッピングなども楽しめる。

✓ フランクフルト
チェックポイント

高層ビルが立ち並ぶ近代都市だが、お伽噺に出てくるような古い建物が囲むレーマー広場や、その近くには大聖堂もある。また建築物や映画、文化博物館などが連なる博物館通りや、かの文豪ゲーテの生家が復元されたゲーテ・ハウスなどの見所もある。

オーデコロン

和訳すると「ケルンの水」という意味を持つオーデコロンは、18世紀にケルンで誕生した。中でも「4711」の名を冠したものは世界的に有名で、店舗は毎日多くの客で賑わっている。小さな瓶に入ったギフトセットなどもあるので、数種類の香りから自分好みのものを探してみよう。

周辺情報
One more trip

ブリュールのアウグストゥスブルク城と別邸ファルケンルスト

ケルン郊外のブリュールに位置する世界遺産。18世紀初頭にケルンの大司教であり建築王の異名を持ったクレメンス・アウグストが、生涯をかけて建築したもの。当時のヨーロッパ中の芸術家が手掛けたドイツを代表するロココ様式の建築物。

エッセンのツォルフェライン炭坑業遺産群

フランクフルトから列車で約2時間の距離に位置する街、エッセンにある世界遺産。1986年まで採炭されていた。建築と技術面共に傑作とされ「世界一美しい炭坑」とも言われている。広大な敷地内は公園として開放され、ルール博物館と炭鉱内のガイドツアーが見所だ。

211

TRIP 33　竜が吐き出した至宝の岩島
　　　　山水画のような別世界が広がる湾

「ハロン湾」ベトナム
Ha Long Bay / Vietnam

自然遺産

| 自然遺産 | 竜が吐き出した至宝の岩島 |

「ハロン湾」

ベトナム北部に位置する首都ハノイ。その東、150kmの距離に大小約3,000もの岩島が浮かぶ、ハロン湾がある。「昔、度重なる敵の侵略に困り果てていた時、龍の親子が降り立ち、口から宝玉を吐き出すことによって敵を追い払った。その宝玉が海へと突き刺さり、岩となった」という伝説から、ハ＝降りる、ロン＝龍という名が付けられた。

海面からそそり立つ断崖絶壁の岩の島や雨で侵食された奇岩の島が散らばる風景は、まるで山水画のような風景だ。この彫刻を施したような不思議な景観は、長い年月をかけて石灰岩の台地が沈降していった為に出現したと言われている。ハロン湾はジャンク船と呼ばれる帆掛け船や、それを模した客船でゆっくりと巡るのが一般的だ。数時間のツアーでは、海上に浮かぶ漁村を見学したり、鍾乳洞を探検したりすることができる。また、船上で1泊するクルーズでは、岩島の朝焼けや夕焼け、満天の星空を堪能することも可能だ。

深い緑に輝く海に浮かぶ、地元の人に愛着を込めて名付けられた幾つもの岩の島々。神秘の世界が広がるベトナム随一の景勝地を航海しよう。

Travel Information: 33

自然遺産:
ハロン湾
Ha Long Bay

 ベトナム / Vietnam

WORLD MAP

How much?
11.8万円〜
<2泊4日／大人1名分の総予算>

■総予算内訳
※「旅の予算」は右頁「PLAN」の目安料金です。
□飛行機代
□宿泊費1名分(2名1室利用時)
□水上人形劇ツアー
□ハロン湾クルーズ
□食事(朝2回、昼2回、夕2回)
□燃油サーチャージ
※出入国税等を除く

How to get there
約9.5時間
<片道の合計時間>
※空港等での待機時間含みます

日本からベトナムの玄関口のひとつ首都ハノイまで直行便が運行している。ハノイからハロン湾は車で約3時間30分の移動となる。成田〜ハノイは約5時間50分。

Low Cost Season
5月〜6月
10月〜11月
<手頃なシーズン>

ハロン湾があるベトナム北部は、四季がある。11〜2月はフリースなどの上着が必要となるが、他の時期は基本半袖で過ごすことができる。リーズナブルに行ける時期は5〜6月、10〜11月頃。

Hint!
ハロン湾クルーズや水上人形劇は旅に出る前に手配を完了させよう。

◆ハロン湾クルーズは日本を出発前に予約を完了させておこう。また、ハノイ名物として知られる水上人形劇の観賞券はすぐに売り切れてしまうので、観賞を希望する場合は、こちらも事前に予約しておくのがオススメだ。
◆ハロン湾クルーズ船上の案内は基本英語となる。しかし、説明を聞きながら、というよりも景色を楽しむ旅なので、特に困ることはないだろう。もちろんガイド同行ツアーであれば何ら心配はない。

PLAN
プラン例／2泊4日

1日目	午前	成田発〜ハノイ着
	午後	ハノイ、水上人形劇【ハノイ泊】
2日目	終日	ハロン湾クルーズ【船泊泊】
3日目	午後	ハノイに移動
	深夜	ハノイ発〜成田へ【機内泊】
4日目	朝	成田着

CHECK!

✓ ハロン湾
チェックポイント

ハロン湾のツアーは、日帰りクルーズとオーバーナイトクルーズがある。ハノイや現地でも申し込みができるが、日本語ガイド付きのツアーを希望の場合は日本から予約した方が無難だ。ツアー中に鍾乳洞を訪れるので、歩きやすい靴で参加しよう。

✓ ハノイ
チェックポイント

南部のホーチミンに次ぐ、ベトナム第2の都市。市内は多くのバイクがクラクションと共に行き交い喧噪に満ちている。市場や雑貨屋でショッピングも楽しめるが、一番のオススメは農民によって生み出され、芸術にまで高められた水上人形劇鑑賞だ。

✕ ベトナム料理
食事

日本でも人気のベトナム料理。平打ち米粉麺に肉とたっぷりの野菜をのせたフォーや、フランス植民地時代の置き土産と言えるフランスパンのサンドイッチバインミー、ベトナム風お好み焼きバインセオ、海鮮料理や鍋などが人気。ベトナムの地ビール「333（バーバーバー）」も是非。

周辺情報
One more trip

ホーチミン

以前はサイゴンと呼ばれていたベトナム最大の都市。雑貨店や飲食店が軒を連ねるドンコイ通り、庶民の台所である市場、歴史博物館、戦時中に張り巡らされた地下道クチトンネル、ベトナム南部の命の源メコン川クルーズなど、楽しみに事欠かない活気溢れる街だ。

バッチャン村

バッチャン村はハノイからハロン湾に向かう道中にある。11世紀頃から陶器で栄えた村で、今でも村民の90％以上もの人が焼き物に携わっている。色彩豊かな陶器が所狭しと並び、街を賑やかしているので、歩いているだけでも面白い。

217

TRIP 34 　太陽王が築いた宮殿と庭園
華麗なる絶対王政のシンボル

「ヴェルサイユの宮殿と庭園」 フランス
Palace and Park of Versailles / France

文化遺産

| 文化遺産 | 華麗なる絶対王政のシンボル |

「ヴェルサイユの宮殿と庭園」

パリの南西約20kmの距離に、ヴェルサイユの宮殿と庭園はある。17世紀に「太陽王」との異名を持つルイ14世が、ブルボン朝の最盛期と共に築いたものだ。その後、歴代の王たちによって装飾が施された姿が現在に残っている。

10km²もある敷地には、巨大な宮殿とふたつの離宮、そして果てしなく広大な庭園がある。中でも権力の象徴である豪華絢爛なヴェルサイユ宮殿は見所が多い。全長73mもある鏡の回廊は、357枚もの鏡やクリスタルのシャンデリアなどで装飾され、見事と言う他ない。現在でもフランス公式のゲストを迎える重要な場所となっている。他にもイタリアの宮殿を規範にして細部に至るまで豪華な装飾がなされている国王の大居室、花壇に面した場所にあり華麗な調度品がある王妃の大居室、床の大理石と色鮮やかな丸天井の絵画のコントラストが美しい王室礼拝堂など、簡単に巡るだけでも半日以上は費やす必要がある。

また、敷地内で最も洗礼された建造物と言われている、ルイ14世が愛人モンテスパン夫人と会うために作った離宮を改築した大トリアノン。マリーアントワネットの離宮と言われる正方形の建物小トリアノンなども宮殿と共に巡りたい。そして、幾何学模様の花壇や噴水、運河が点在する、素晴らしい造園技術によって築かれた庭園も見逃せないスポットだ。ルイ14世が国家財政が傾く程の莫大な資金を注ぎ込んでまで、こだわって築いた宮殿と庭園。数世紀の時を経てもなお、輝きを放ち続ける美に触れてみよう。

Travel Information: 34

文化遺産:
ヴェルサイユの宮殿と庭園
Palace and Park of Versailles

 フランス / France

WORLD MAP

いくらかかる?
How much?

7.6万円〜
<1泊4日／大人1名分の総予算>

■総予算内訳
※「旅の予算」は右頁「PLAN」の目安料金です。
□ 飛行機代
□ 宿泊費1名分(2名1室利用時)
□ 食事(朝1回)
□ ヴェルサイユ宮殿ツアー代
□ 燃油サーチャージ

どうやって行く?
How to get there

約13.5時間
<片道の合計時間>
※空港等での待機時間含まず

日本からフランスの玄関口パリまで直行便が運行している。成田〜パリは約12時間30分。
パリからヴェルサイユ宮殿までは、車で約1時間。また、列車やローカルバスで行くこともできる。

いつが安いの?
Low Cost Season

11月〜3月
<手頃なシーズン>

高緯度に位置しながらも、比較的温暖な気候で、日本と同様に四季がある。夏(6〜8月)の平均最高気温は25度、冬の平均最低気温も氷点下になることも珍しくない。リーズナブルに行ける時期は11〜3月頃。

この旅のヒント
Hint!

とにかく広大なヴェルサイユの宮殿と庭園は1日かけてゆっくり巡ろう。

◆ヴェルサイユ宮殿と庭園はとにかく広い。また、同時に見所も多いことからじっくり巡りたい人は丸1日かけて観光したい。宮殿やトリアノン内には、軽食や飲み物、土産を購入できる所がいくつかある。
◆館内はフラッシュを使用しての写真撮影が禁止されているので、注意しよう。
◆成田からパリまで直行便が運行しているが、乗り継ぎ便を利用することでよりリーズナブルに行ける場合も多いので、航空券手配前に確認してみよう。

PLAN
プラン例／1泊4日

1日目	終日	成田発～乗り継ぎ～パリへ【機内泊】
2日目	朝	パリ着
	終日	ヴェルサイユ宮殿【パリ泊】
3日目	終日	パリ
	夜	パリ発～乗り継ぎ～成田へ【機内泊】
4日目	夜	成田着

CHECK!

✓ ヴェルサイユ宮殿
チェックポイント

もともとはルイ13世の狩猟の館として作られた小さな建築物があるのみの場所だった。いくつかの部屋や回廊は、フランス歴史博物館としてコレクションの展示をしている。時期や時間によっては、大噴水ショーやバレエ公演などの催し物がある。広大な敷地には小さな電車が走っている。

✓ パリ
チェックポイント

パリのセーヌ河岸が世界遺産に登録されている。ルーブル美術館やオルセー美術館、シャンゼリゼ通り、エッフェル塔、ノートルダム大聖堂など見所が多い大都市だ。芸術やファッションなどのイベントも豊富で、ショッピングやオペラ鑑賞、本場フランス料理も楽しめる。

✗ フランス料理
食事

世界三大料理のひとつと言われるフランス料理。その美食術は、ユネスコの無形文化遺産に登録されている。宮廷から派生した伝統的な高級料理オートキュイジーヌは、コース料理で食前酒、前菜、スープ……と続く。お洒落をして貴族の味を堪能してみるのもオススメだ。

周辺情報
One more trip

ヴォー・ル・ヴィコント城

ヴェルサイユ宮殿を建築するきっかけになった、パリ郊外に位置する個人所有の城。17世紀、財務長官だったニコラ・フーケが当時の最高技術を投入して建設した。そのあまりの豪華さにフーケはルイ14世の嫉妬を買い、公金横領罪で投獄されてしまったという歴史がある。

モン・サン・ミシェル

パリから車で約4時間の距離にある世界遺産。沖合に浮かぶ岩の島の上に、修道院などが建っている。ゴシック様式の建築物や庭園、礼拝堂、城壁、塔や門など見所は多い。昼食には、モン・サン・ミシェル名物の「プラールおばさんのオムレツ」を楽しもう。

TRIP 35 インドイスラム建築の最高峰
王の愛が生んだ壮麗にして典雅な霊廟

「タージ・マハル」インド
Taj Mahal / India

文化遺産

|文化遺産| 王の愛が生んだ壮麗にして典雅な霊廟
「タージ・マハル」

インド北部の大都市デリーから南へ180kmの距離にある町アグラには、世界の人々を魅了する霊廟タージ・マハルがある。ムガル帝国第五代皇帝シャー・ジャハーンが17世紀に莫大な資金を使って建設したものだ。100m四方の基壇の四隅には、42mのミナレット（尖塔）がそびえ、中央にはドーム型の屋根を乗せた74.2mの高さを持つ建物が鎮座する。その壁面には浮き彫りや透かし彫りが施され、宝石や鉱物がはめ込まれている。それらが織り成すこの建造物は、まさに壮大な芸術品だ。この建物は1,000頭以上もの象を用い、インド中から運ばれた建材を使用している。作業に当たったのは、ペルシャやアラブから集められた選りすぐりの建築家や職人で、その数はなんと1日2万人。それほどの労働力をもってしても、完成までにおよそ22年もの歳月が必要なほど大規模な事業だったのだ。

この霊廟は、シャー・ジャハーンが、最愛の妻ムムターズ・マハルの死を嘆き悲しみ、その愛を表現するために建設された。そして、タージ・マハル脇に流れるヤムラ川の対岸にも自身が入るための黒大理石の霊廟を建設しようとしていた矢先、息子たちの皇位争いの末に城塞に幽閉された。結果、その夢が叶うことはなかったが、皇帝はタージ・マハル地下の妻の横で永い眠りについている。完全なる左右対称、ドームの柔らかなフォルム、前庭の池に映しだされた姿……その壮麗にして典雅な姿は、「天上の7つの美しさも凌ぐ」とも言われている。白亜の霊廟タージ・マハルを訪れ、圧倒的な美しさと共にシャー・ジャハーンの悲しみや深い愛に触れてみよう。

Travel Information: 35

文化遺産:
タージ・マハル
Taj Mahal

 インド / India

WORLD MAP

いくらかかる?
How much?

9.6万円〜
<2泊4日/大人1名分の総予算>

■ 総予算内訳
※「旅の予算」は右頁「PLAN」の目安料金です。
- □ 飛行機代
- □ 宿泊費1名分(2名1室利用時)
- □ 食事(朝2回)
- □ 移動費
- □ 燃油サーチャージ

※出入国税等を除く

どうやって行く?
How to get there

約12時間
<片道の合計時間>
※空港等での待機時間含ます

日本からインドの玄関口のひとつデリーまで直行便が運航している。デリー〜アグラは車で約5時間、又は列車で3時間。成田〜デリーは約8時間50分。

いつが安いの?
Low Cost Season

5月〜6月
<手頃なシーズン>

亜熱帯性気候に属するアグラでは、4〜10月は夏服で過ごせるが、11〜3月は上に羽織る物が必要だ。特に12月、1月は冷え込む為、冬服も必要となる。また、7〜9月は季節風による降雨が多い時期でもある。リーズナブルに行ける時期はホテル代が比較的安くなる5〜6月頃。

この旅のヒント
Hint!

デリーを拠点にすれば多くの日帰り観光スポットに行くことが出来る。

◆タージ・マハル観光は、携帯電話や三脚、飲食物などの持ち込みが制限されている。ツアーで訪れる場合は、車内に置いておけるが、そうでない場合は入口のセキュリティーに預ける必要がある。また、建物内に入る際は靴を脱ぐことになる。

◆デリーを拠点とする場合、タージ・マハルの他にも日帰りで訪問できる観光スポットがたくさんある。滞在日数にもよるが、一度に複数の世界遺産を観光できるチャンスでもあるので、時間と予算が許す限り巡ってみよう。

PLAN
プラン例／2泊4日

1日目	終日	成田発〜デリー着【デリー泊】
2日目	終日	タージ・マハル【デリー泊】
3日目	終日	デリー
	夜	デリー発〜成田へ【機内泊】
4日目	午前	成田着

CHECK!

✓ アグラ
チェックポイント

タージ・マハルの他に、シャー・ジャハーンが幽閉された赤砂岩の城アグラ城塞、建築物の多くが赤砂岩で建設された町ファテープル・シークリーが世界遺産に登録されている。また繊細なレリーフが美しいイティマド・ウッダウラー廟なども見所だ。

✓ デリー
チェックポイント

南アジアを代表する世界都市のひとつ。インド最大のモスクであるジャマーマスジットやタージ・マハルにも影響を与えたというフマユーン廟、インド最古のイスラム遺跡クトゥブ・ミナール、シャー・ジャハーンが築いた城塞ラール・キラー(レッド・フォート)が世界遺産に登録されている。

✕ ムガル料理
食事

デリーやアグラのある北インドの主食は、ナンやチャパティなど小麦粉を使うもの。ムガル帝国の首都だったデリーは、羊肉と鶏肉を使ったこってりとしたムガル料理の本場だ。スパイスはもちろん、ナッツやクリームを使用したスープやカレー、串焼きのケバブなどを堪能しよう。

周辺情報
One more trip

ジャイプール

デリーの南西260kmに位置する街。旧市街はピンク・シティーと呼ばれ、約10kmの赤土色の壁に囲まれている。透かし彫りが見事な風の宮殿、豪華な壁装飾のアンベール城、18世紀初頭に建設された天文観測所ジャンタル・マンタル、湖の上に浮かぶ水の宮殿などが見所だ。

ハリドワール

ガンジス川沿いにあるヒンドゥー教の聖地のひとつ。修行僧のサドゥーや巡礼者、沐浴する人、亡くなった人の骨を流す人などが多く訪れる場所でもある。夕暮れのガンガープジャは、多くの人が川沿いのガートに集い祈って、神聖な空気に満ちている。

229

TRIP 36　栄華を誇った王国の終焉地
ナルス朝が夢見た地上の楽園

「グラナダのアルハンブラ、ヘネラリーフェ、アルバイシン地区」 スペイン
Alhambra, Generalife and Albayzin, Granada / Spain

文化遺産

文化遺産	ナルス朝が夢見た地上の楽園

「グラナダのアルハンブラ、ヘネラリーフェ、アルバイシン地区」

イベリア半島の大部分を占めるスペイン、その南部アンダルシア地方にグラナダはある。8世紀から800年に渡って、スペインを統治していたイスラム王朝が終焉を迎えた地だ。かつてナスル朝グラナダ王国の都でもあったこの街の小高い丘の上には、壮麗なアルハンブラ宮殿が佇んでいる。13世紀から15世紀末まで続いたナスル朝の栄華を象徴するもので、「イスラム建築の最高傑作」と言われているものだ。

王宮の天井や壁、柱、階段などの細部まで施された繊細な彫刻や、噴水などが備わる優雅な庭園は圧巻の一言だ。明暗を意識したその造りは美しく、まさに楽園のような雰囲気に満ちている。また夏の離宮ヘネラリーフェは、数あるイスラム建築の中でも、極めて保存状態が優れているもので、水と緑と建物が調和する美しい場所だ。そして、アルハンブラで最も古い建築物である要塞「アルカサバ」では、塔に登ることができ、かつてのイスラム教徒も見渡したグラナダの街を一望することができる。

アルハンブラ宮殿の西側に広がるアルバイシン地区にも足を運びたい。グラナダ最古の地区と言われ、元々イスラム教徒の居住区だった場所だ。白壁の家々を縫うように張り巡らされた石畳の道を歩けば、往時の雰囲気を楽しむことができる。

イスラム統治時代の栄華を現在に伝える、スペインを代表する世界遺産に触れる旅へ。

Travel Information: 36

文化遺産: グラナダのアルハンブラ、ヘネラリーフェ、アルバイシン地区
Alhambra, Generalife and Albayzín, Granada

スペイン / Spain

WORLD MAP

いくらかかる？ How much?

11.4万円～
<2泊5日／大人1名分の総予算>

■総予算内訳
※「旅の予算」は右頁「PLAN」の目安料金です。
□飛行機代
□宿泊費1名分(2名1室利用時)
□バス代(マドリッド～グラナダ往復)
□アルハンブラ宮殿半日観光オプショナルツアー代
□食事(朝1回)
□燃油サーチャージ

どうやって行く？ How to get there

約25時間
<片道の合計時間>
※空港等での待機時間含ます

スペインまで直行便が運行していない為、ヨーロッパなどの1都市を乗り継いで行くことになる。リーズナブルにグラナダへ行くには、マドリッドからバスを利用する。マドリッドからグラナダまでは車で約5時間。

いつが安いの？ Low Cost Season

11月～3月
<手頃なシーズン>

グラナダが属するアンダルシア地方は、温暖で乾燥した気候が特徴だ。冬(11～3月)でも最高気温は10度を超える。しかし、1年を通じて朝晩は冷え込むので長袖は必須だ。リーズナブルに行ける時期は11～3月頃。

この旅のヒント Hint!

アルハンブラ宮殿は入場制限があるので事前にチケットを入手しよう。

◆アルハンブラ宮殿への入場は、1日8,000人まで、30分おきに300人しか入場できないよう制限されている。現地ですぐにチケット購入することは難しい為、事前に前売りチケットを入手してから訪れよう。
◆チケットはアルハンブラ宮殿の王宮、アルカサバ、ヘネラリーフェのすべてに使えるフリーパスと、建物のまわりの指定された庭園にのみ利用できる庭園パス、そして夜のみ見学可能なナイトパスという3種類が設定されている。基本的にはフリーパスがオススメだ。

PLAN
例えばこんな旅

プラン例／2泊5日

1日目	夜	成田発〜乗り継ぎ〜マドリッドへ【機内泊】
2日目	午後	マドリッド着、グラナダに移動【グラナダ泊】
3日目	終日	アルハンブラ宮殿半日観光【グラナダ泊】
4日目	深夜	マドリッドに移動
	朝	マドリッド着
	午後	マドリッド発〜乗り継ぎ〜成田へ【機内泊】
5日目	午後	成田着

CHECK!
この旅の要チェック!

✓ グラナダ
チェックポイント

異国情緒溢れる街並みは、歩くだけでも楽しい。フラメンコや闘牛、バル巡り、サクロモンテ地域にある洞窟住居、カテドラル、王室礼拝堂など見所は多数。古城や修道院など歴史的建造物を改装したパラドールと呼ばれる国営ホテルに宿泊するのもオススメだ。

✗ タパス
食事

スペインの人々に欠かせない習慣のひとつである夕飯前のバル巡り。そこで食すのが、タパスという小皿料理だ。空豆とハムの揚げ物、魚のフライ、ソーセージ、冷製スープガスパチョ、オレンジサラダのレモホンなど豊富な種類の前菜料理を楽しもう。

周辺情報
One more trip

マラガ

グラナダから車で2時間前後の距離にある、スペイン南端にあるリゾート地「コスタ・デル・ソル(太陽海岸)」の中心地。白壁の街並みが美しい周辺の村々へ行く際の拠点にもなる街だ。ピカソ美術館や2万年以上前の壁画などが見られる博物館、カテドラル、闘牛場などが観光名所。

コルドバ

マラガから列車で約1時間の距離にある街。イスラム王国である後ウマイヤ朝の都があった歴史地区は世界遺産に登録されている。聖マリア大聖堂メスキータは、かつてイスラム教のモスクとして使用されていた為、キリスト教とイスラム教が同居する珍しい建築物だ。

セビリア

マラガから車で約3時間の距離にある、アンダルシア州の州都。スペイン最大で内部にコロンブスの墓があるセビリア大聖堂や、精密な彫刻が見事な王宮アルカサル、貴重な資料を保存している旧商品取引所のインディアス古文書館は世界遺産に登録されている。

TRIP 37　雲海にそびえる山の頂
　　　　精霊が宿る聖なる山

「キナバル自然公園」マレーシア
Kinabalu Park / Malaysia

自然遺産

| 自然遺産 | 精霊が宿る聖なる山 |

「キナバル自然公園」

マレーシア、インドネシア、ブルネイの3カ国が領土を分け合うボルネオ島。その北部、マレーシア領内にあるのが東南アジア最高峰のキナバル山を中心としたキナバル自然公園だ。そこには、アマゾンより古いと言われるジャングルが広がり、6,000種以上の植物と100種以上の哺乳類が暮らしている。

キナバル山の標高は、富士山よりも高い4,095m。頂上までの登山道9kmの距離に対し、標高差2,200mという急斜面だが、登山道が整備されているので、時間をかければ初心者でも登ることができる。毎年2万人が登るとも言われているこの山の最大の魅力は、山頂からの眺望。雲海が広がる360度の大パノラマを望むことができるのだ。

また、登山をしなくても自然散策路や山岳植物園で世界最大の花ラフレシアや、食中植物ウツボカズラなどの珍しい植物や昆虫を観察することができ、オランウータンやテングザルなどの野生動物にも遭遇できる可能性もある。近郊には、太平洋戦争中に日本兵が掘削したというポーリン温泉があり、露天風呂に浸かることも可能だ。

先祖の霊が眠る山として、先住民に崇められてきたキナバル山。現在でも精霊が宿るとされる神聖なる山に登り、頂上からの絶景を堪能しよう。

Travel Information: 37

自然遺産:
キナバル自然公園
Kinabalu Park

マレーシア / Malaysia

WORLD MAP

いくらかかる?
How much?

11.9万円〜
<3泊5日／大人1名分の総予算>

■総予算内訳
※「旅の予算」は右頁「PLAN」の目安料金です。
□飛行機代
□宿泊費1名分(2名1室利用時)
□英語ガイド付きキナバル山登頂ツアー
□食事(朝2回、昼3回、夕2回)
□燃油サーチャージ
※出入国税等を除く

どうやって行く?
How to get there

約6時間
<片道の合計時間>
※空港等での待機時間含まず

成田からコタキナバルへは、直行便又はマレーシアの首都クアラルンプールを乗り継いで行く。直行便の場合、成田〜コタキナバルは約6時間。乗り継ぎ便の場合、成田〜クアラルンプールは約7時間30分、クアラルンプール〜コタキナバルは約2時間30分。

いつが安いの?
Low Cost Season

1月〜3月
10月〜11月
<手頃なシーズン>

赤道直下に位置するボルネオ島は、季節による気温差が少ない。その為、年間を通じて登山が可能だ。リーズナブルに行ける時期は1〜3月、10〜11月頃。

この旅のヒント
Hint!

キナバル山は入場制限があるので早めに予約をしよう。

◆キナバル山はガイド同伴義務がある。必ずツアー等に参加して、ガイドと共に登山しよう。
◆登山道の途中にある宿泊施設は数が限られている。入山者は1日192人までとなっているので、早めに計画を立てて予約してから参加しよう。
◆山小屋の朝晩は冷え込むので、防寒具が必須。雨具、防水のトレッキングシューズも用意しよう。登山の際は、両手が自由につかえるようリュックサックを持参しよう。

PLAN
プラン例／3泊5日

1日目	終日	成田発〜コタキナバル着【キナバル国立公園泊】
2日目	終日	キナバル山登山【山小屋泊】
3日目	午前	キナバル山登頂
	午後	下山【コタキナバル泊】
4日目	終日	コタキナバル発〜クアラルンプール乗り継ぎ〜成田へ【機内泊】
5日目	終日	成田着

CHECK!

✔ キナバル山
チェックポイント

標高1,890m付近から出発し、3,300m付近の山小屋に1泊することになる。翌日の早朝、氷河に削られた平らな岩を登り、頂上のローズピークにアタックすれば、朝日によって徐々に赤みを増していく光景を視界に収めることができる。

✔ コタキナバル
チェックポイント

ボルネオ島の玄関口であり、東マレーシアを代表する商業都市。海に面した約60mものウッドデッキがあるウォーターフロントが人気。レストランやバーも軒を連ねるので、マレーシアの繁華街の空気に触れることができる。

✘ マレー料理
食事

多民族国家のマレーシアには、様々な伝統料理がある。ボルネオ島は山の幸、海の幸に恵まれ非常に食材が豊富だ。エビ、カニ類から魚、イカ、貝などシーフードが楽しめ、カレーやナシゴレン、ミーゴレン、麺類にも頬が落ちる。バナナを揚げたピサンゴレンは定番。

周辺情報
One more trip

マリマリカルチュラルビレッジ

コタキナバル市街地より車で約20分の位置にある文化村。ボルネオの先住民族の生活様式や儀式などの体験を提供している。料理の試食や、吹き矢体験、竹で作った家屋訪問など盛りだくさんの内容で、最後に民族舞踊を観賞できる。

トゥンク・アブドゥラル・ラーマン・マリン・パーク

コタキナバル市街地からボートで15分ほど沖合にある5つの島々。透明度が高く、熱帯魚がたくさんいて、珊瑚礁が美しい。ビーチでのんびりしたり、シュノーケリングしたりマリンスポーツを楽しむことができる。

241

TRIP 38
度重なる焼失から再建された古村落
ハンガリーで最も美しい村

「ホローケーの古村落とその周辺地区」 ハンガリー
Old Village of Holloko and its Surroundings / Hungary

文化遺産

文化遺産

ハンガリーで最も美しい村
「ホローケーの古村落とその周辺地区」

ヨーロッパ中央部に位置し、国土の大部分を草原と緩やかな丘陵地帯が占めるハンガリー。首都は、ドナウ河が流れ「ドナウの真珠」と謳われる美しい街ブダペストだ。その北東約100km、チェルハート山地に囲まれたパローツと呼ばれる地方に、ハンガリー1美しい村ホローケーがある。ホローケーという村の名前はハンガリー語の「カラス」と「石」を組み合わせたもの。諸説あるが、村の裏手のサールの丘にあった城(現在は廃墟となっている)が、「魔女がカラスたちに石を運ばせて作り上げられた」という伝説に由来することから名付けられたと言われている。14世紀頃に成立したこの村は、幾度も焼失と再建が繰り返されてきた歴史を持つ。その為、現存する建築物の多くは20世紀に再建されたものだが、700年以上の歴史を刻んできた伝統的な集落が今もほぼ当時の姿で残っているのだ。山の斜面に築かれた家屋群は、一見すると2階建てのようにも見えるが、その多くは木造の平屋であり、石造りの地下室を持つ。通りに見せる白い壁は、藁と泥を基礎として、その上に石灰を塗ったものだ。

まるで絵本の世界のような可愛らしい村には、いくつもの保存建築物が存在し、一部は資料館や土産屋、レストランなどとして使用されている。すべて徒歩でまわれるくらい、こぢんまりとした村の人口は近年急速に落ち込み、30数名を数える程となってしまった。穏やかな時の流れの中で、美しい伝統家屋を維持しながら、慎ましく暮らす人々に出会う、世界で初めて村として世界遺産に登録された地を訪れる旅へ。

245

Travel Information: 38

文化遺産:
ホローケーの古村落とその周辺地区
Old Village of Hollókő and its Surroundings

 ハンガリー / Hungary

WORLD MAP

いくらかかる？
How much?
10.9万円〜
<2泊5日／大人1名分の総予算>

■総予算内訳
※「旅の予算」は右頁「PLAN」の目安料金です。
□飛行機代
□宿泊費1名分（2名1室利用時）
□食事（朝2回）
□世界遺産ホローケー村ツアー代
□燃油サーチャージ

どうやって行く？
How to get there
約16時間
<片道の合計時間>
※空港等での待機時間含みます

日本からハンガリーまでの直行便はない。その為、オーストリアのウィーンなどヨーロッパ1都市や中近東、モスクワなどの都市で乗り継いで首都ブダペストへ行くことになる。また、ウィーンからブダペストまでは列車で行くことも可能だ（約3時間）。ブダペストからホローケー村までは直通バスで約2時間。

いつが安いの？
Low Cost Season
11月〜3月
<手頃なシーズン>

内陸部に位置していることから、晴天の日が多い。日本同様に四季があるが、夏は比較的涼しく、冬は-10度になることもある。どの時期でも朝晩は冷えこみやすいので、防寒具を1枚持参しよう。リーズナブルに行ける時期は11〜3月頃。

この旅のヒント
Hint!
こぢんまりとした村なのでブダペストなど他の都市も合わせて巡ろう。

◆こぢんまりとした村の為、ゆっくりと見学しても数時間でまわれてしまう。その為、首都ブダペストなど、他の観光地と共に巡るのがベターだ。

PLAN
プラン例／2泊5日

1日目	夜	成田発〜乗り継ぎ〜ブダペストへ【機内泊】
2日目	午前	ブダペスト着
	午後	ブダペスト【ブダペスト泊】
3日目	終日	ホローケー村【ブダペスト泊】
4日目	終日	ブダペスト
	夕方	ブダペスト発〜乗り継ぎ〜成田へ【機内泊】
5日目	夕方	成田着

CHECK!

✓ ホローケーの古村落とその周辺地区
チェックポイント

メインとなるコシュート通りと、一本裏のペテーフィ通りがあり、その合流地点にカトリックの木造教会がある。またホローケー城は見学が可能で、中世の武器などが展示されている。パロ—ツの人々が暮らした集落をのんびりと歩いてみよう。

✓ ブダペスト
チェックポイント

ハンガリーの首都。ドナウ川を挟み西側がブダ地区、東側がペスト地区となる。歴代の国王たちが住んだブダ城の周辺地区は、歴史的建造物が密集していることから「ドナウ河岸、ブダ城地区及びアンドラーシー通りを含むブダペスト」として世界遺産に登録されている。

✗ トカイワイン

17世紀頃から生産が始まったハンガリー北東部のトカイ地方で作られたワイン。世界三大貴腐ワインに数えられ、かのルイ14世にも「王様のワイン、ワインの王様」と絶賛されたという逸話を持つ。食前酒や食後酒に試してみよう。

周辺情報
One more trip

ホルトバージ国立公園

ブダペストの東にあるヨーロッパ最大の大草原にある、世界遺産に登録された公園。空を舞う野鳥や、水牛、狼、ペリカン、馬、羊などが見られる。萱葺き屋根の家屋や、井戸など、文化と貴重なハンガリーの自然を楽しむことができる。

温泉

ハンガリーは温泉大国でもある。温泉湖、洞窟温泉、石灰棚温泉などバラエティー豊か。ブダペストにはヨーロッパ最大規模の屋内スパ「アクアワールド」など、スパリゾートがいくつもある。湯温は低めだが、異国の温泉を水着着用で楽しめる。

TRIP 39　地球の躍動を感じる美しき山々と
太古の姿を残す神秘の溶岩洞窟

「済州火山島と溶岩洞窟群」韓国

Jeju Volcanic Island and Lava Tubes / Korea

自然遺産

| 自然遺産 | 地球の躍動を感じる山々と溶岩洞窟
「済州（チェジュ）火山島と溶岩洞窟群」 |

朝鮮半島の南、約100kmの沖合に浮かぶ韓国最大の島、済州。太古の火山活動によりできた火山島で、荒々しくも壮大な景観と植生豊かな環境が広がっている。

島の中心にそびえるのは、韓国最高峰の漢拏山（ハルラサン）。標高は1,950mで、頂に白鹿潭（ペンノクタム）という火口湖を湛える。標高によって地形や気候が異なることから、裾野の植生は驚くほど変化に富む。動植物の数は1,800種を超えるとされ、頂へと向かう登山道を歩けばその移りゆく景色を堪能することができるのだ。

漢拏山を中心にオルムと呼ばれる小さな寄生火山が約360個点在している。そのひとつが、済州島の東に位置する城山日出峰（ソンサンイルチュルボン）。海底噴火により海に突き出した火山で、噴火口を囲むギザギザの岩が連なる様は、まるで巨大な王冠のようだ。その頂上からの眺望は絶景で、特に日の出が素晴らしく、済州十景にも登録されている。

そして、島内に120以上もあると言われている溶岩洞窟も見逃せない。その中のひとつ、約30万年前に形成された万丈窟（マンジャングル）は必見だ。世界最長となる13kmもの長さを持つ溶岩洞窟で、内部にはライトアップされた溶岩の流れた跡や溶けた跡、柱状に積み上がった石柱などが見られ、太古の記憶と地球の躍動に触れることができる。

かつて独立国だった歴史を持つ済州島は、韓国本土とは異なる文化や雰囲気を持つ。ダイナミックな地球の息吹を感じられる、韓国の世界遺産を訪れる旅へ。

Travel Information: 39

自然遺産:
済州火山島と溶岩洞窟群
Jeju Volcanic Island and Lava Tubes

 韓国 / Korea

WORLD MAP

《 いくらかかる？ 》
How much?

5万円〜
<3泊4日／大人1名分の総予算>

■総予算内訳
※「旅の予算」は右頁「PLAN」の目安料金です。
□飛行機代
□宿泊費1名分(2名1室利用時)
□2日目の現地発着ツアー代
□食事代
□燃油サーチャージ
※現地交通費を除く

《 どうやって行く？ 》
How to get there

約3時間
<片道の合計時間>
※空港等での待機時間含まず

日本から済州島まで直行便が運行している。成田〜済州島は約2時間45分。済州島は大阪府ほどの大きさの為、どこへ行くにも1時間前後で移動が可能だ。

《 いつが安いの？ 》
Low Cost Season

8月〜9月
<手頃なシーズン>

韓国国内においては温暖な気候だが、基本的には四季を通じて東京ほぼ同じ気温だ。ツツジや高山植物、紅葉と訪れる時期によって植物の異なる表情を見ることができる。リーズナブルに行ける時期は8〜9月頃。

《 この旅のヒント 》
Hint!

観光地として整備されているので個人旅行も比較的簡単に行ける。

◆山歩きは標高によって気温が大きく変わるので、着脱しやすい服や履き慣れた靴で行こう。
◆観光地としてとても整備されているので、日本語が通じる場所が多く観光しやすい。鉄道はなく、車での移動が基本だ。個人旅行では、ツアーに参加するかタクシー又はレンタカーが便利。

PLAN
プラン例／3泊4日

1日目	午前	成田発〜済州島着【済州島泊】
2日目	終日	城山日出峰、万丈窟【済州島泊】
3日目	終日	漢拏山【済州島泊】
4日目	午後	済州島〜成田着

CHECK!

✓ 済州火山島と溶岩洞窟群
チェックポイント

漢拏山と城山日出峰、拒文岳溶岩洞窟の3つからなる韓国初の世界自然遺産。漢拏山は登山道が6つあるので見たい場所と体力によって選ぼう。全長13kmある万丈窟だが、観光客に開放されているのは1kmとなる。

済州島のショッピング
ショッピング

市民が集う市場は是非とも歩きたい。代表的な土産は、済州島の守護神、トルハルバンのキャラクターグッズや、焼き物、お茶やチョコレートなどの飲食物、石鹸に香水と様々。また、多くのブランドがその名を連ねる免税店もある。

✕ 海鮮＆郷土料理
食 事

黒豚や馬、キジなどの肉料理をはじめ、済州島には様々なグルメが揃っている。豊富な海産物と野菜の入った土鍋や、アワビ粥、刺身、豚骨ラーメンならぬ豚骨うどんのコギグクスなど枚挙にいとまがない。日本人の口にも合いやすい済州の味を堪能しよう。

周辺情報
One more trip

済州島

龍の形をした龍頭岩や、済州を作った3人の神様が現れたという三姓穴、落差23mを持ち、直接滝を海に注ぐ正房瀑布、済州島最古の建造物観徳亭などの名所も点在する。

海水浴場

海に囲まれた済州島には美しい海水浴場がたくさんある。コバルトブルーの海と白い砂浜の挟才海水浴場、透明度が高くマリンスポーツができる咸徳海水浴場、断崖の下にあり黒・白・灰色の砂からなる砂浜が特徴的な中文海水浴場、遠浅で家族連れにも安心な表善海水浴場が有名だ。

253

| TRIP 40 | 運河を中心とした都市計画
水と生きてきたオランダの歴史 |

「アムステルダムのシンゲル運河内の17世紀の環状運河地区」オランダ

Seventeenth Century Canal Ring Area of Amsterdam inside the Singelgracht / Netherlands

文化遺産

文化遺産	水と生きてきたオランダの歴史

「アムステルダムのシンゲル運河内の17世紀の環状運河地区」

ヨーロッパ北西部に位置し、北と西を北海に接する国オランダ。低地の国を意味する国名通り、海抜0m以下の大地が国土の1/4を占めている。そのような大地を持つオランダの歴史は、干拓と排水を抜きに語ることはできず、憲法上の首都アムステルダムもまた大規模な都市計画によって整備された街なのだ。

アムステル川の河口に位置するアムステルダムは、干拓してできた陸地と運河から成る街だ。陸地の一部には17世紀の街並みが残る旧市街が広がり、港と中央駅を中心に160もの運河が張り巡らされている。主要な5つの運河の最も外側に位置する、シンゲル運河の内側一帯が世界遺産に登録された地域で、水上バスで運河を、自転車などで街中巡りを楽しむことができる。

まさに水の都の名に相応しいこの街は、元々貿易が盛んな港湾都市だった。その勢いを加速させたのが、運河の整備が進んだことに加え、東インド会社の設立だ。世界の交易品が運河を右へ左へと進み、オランダに莫大な富をもたらした。それらで裕福になった豪商の邸宅カナルハウスは、現在ホテルや博物館として使用されている。特にライチェ通りからファイゼル通り周辺は、豪華なカナルハウスが並んでいると評判で、ゴールデンカーブと称されている必見のスポットだ。江戸時代に長崎の出島からの品物も通っていたであろう、オランダ繁栄の礎を築いた運河を巡る旅へ。

Travel Information: 40

文化遺産: **アムステルダムのシンゲル運河内の17世紀の環状運河地区**
Seventeenth Century Canal Ring Area of Amsterdam inside the Singelgracht

オランダ / Netherlands

WORLD MAP

いくらかかる？ How much?
8.4万円〜
<2泊5日／大人1名分の総予算>

■総予算内訳
※「旅の予算」は右頁「PLAN」の目安料金です。
□飛行機代
□宿泊費1名分（2名1室利用時）
□食事（朝2回）
□燃油サーチャージ

どうやって行く？ How to get there
約11.5時間
<片道の合計時間>
※空港等での待機時間含ます

日本からオランダの玄関口アムステルダムまで直行便が運行している。成田〜アムステルダムは約11時間30分。

いつが安いの？ Low Cost Season
11月〜3月
<手頃なシーズン>

冬（11〜3月）でも最低気温がマイナスになることは希だが、1年を通じて比較的温度は低くどの時期でも長袖は必須だ。4、5月はオランダの代名詞でもあるチューリップが咲き乱れる最も華やかな時期となる。リーズナブルに行ける時期は11〜3月頃。

この旅のヒント Hint!
アムステルダムの街中の移動にはレンタサイクルが便利。

◆オランダでは交通の主役を自転車が担っている。自転車専用道を通り、右側通行などいくつかのルールを守れば楽しく移動ができる。自転車をレンタルしている店が多く、気軽に借りることができる一方で、初めての道となれば不安もつきもの。少々遠くへ行きたい場合などはサイクリングツアーを利用するとより安心だ。
◆成田からアムステルダムまで直行便が運行しているが、中東やアジア1都市での乗り継ぎ便を利用することでよりリーズナブルに行ける場合も多いので、航空券手配前に確認してみよう。

PLAN
プラン例／2泊5日

1日目	夜	成田発〜乗り継ぎ〜アムステルダムへ【機内泊】
2日目	午後	アムステルダム着【アムステルダム泊】
3日目	終日	アムステルダム【アムステルダム泊】
4日目	午前	アムステルダム発〜乗り継ぎ〜成田へ【機内泊】
5日目	午後	成田着

CHECK!

✓ アムステルダム
チェックポイント

運河クルーズをはじめ、オランダ出身のゴッホの絵画が多く展示されているゴッホ美術館、「アンネの日記」の舞台となったアンネの家、川をせき止めたダム広場、アムステル川に架かる木造のマヘレの跳ね橋など、観光に事欠くことはないオランダ最大の都市。

✓ サイクリング
チェックポイント

アムステルダムの市内の移動は、市内の至る所でレンタルできる自転車が便利だ。また市内の喧噪を離れてアムステル川を遡れば、清々しい田園風景や湿地帯、干拓事業の立役者であり、オランダの象徴のひとつでもあるリーカーの風車も見られる。

✗ ハーリング

海や湖で新鮮で美味しい魚介類が獲れるオランダ。魚料理を代表するのが、オランダ人のソウルフード、ハーリング。ニシンの一種の魚を塩漬けしたもので、生食するものだ。骨や内臓を取ったものを屋台などで食べられる。日本人の口にも合うので、是非トライを。

周辺情報
One more trip

キューケンホフ公園

世界的にも有名なオランダのチューリップ。加えて、スイセンやヒヤシンスなど春の花が700万株以上咲き誇る広大な公園。毎年3ヶ月（3〜5月）という限られた期間しかオープンしないが、圧巻の規模を誇るので、花好きな人にオススメのスポットだ。

キンデルダイク・エルスハウトの風車群

オランダ第2の都市、ロッテルダムの南東約15kmの位置にある風車群。広々とした湿地の間を流れる川沿いに、18世紀に作られた19基の風車が並んで建っている。オランダの原風景を描くのに欠かせないこれらの風車は世界遺産に登録されている。

TRIP 41 雲海を見下ろす中国仏教の聖地
断崖に鎮座する世界最大の古仏

「峨眉山と楽山大仏」中国
Mount Emei Scenic Area, including Leshan Giant Buddha Scenic Area / China

複合遺産

断崖に鎮座する世界最大の古仏
複合遺産
「峨眉山と楽山大仏」

三国志の舞台、神秘の湖泉滝九寨溝、ジャイアントパンダの生息地など、見所が多い中国西南部の四川省。省都である成都から約2時間の距離にある峨眉山は、中国三大霊山、そして中国四大仏教名山のひとつ。また、聖地として尊ばれてきたことにより、自然環境が壊されず、豊かな生態系が残る保護区でもあるのだ。ここには、無梁レンガ殿（梁や柱を使わずレンガのみで建築されているもの）万年寺や、4,700体もの仏像を有する報国寺など、参拝者の絶えない26もの寺院がある。標高3,077mの山頂「金頂」から望む山々の稜線は水墨画の様で、まさに絶景だ。日の出からしばらくすると、雲海に映った人の影のまわりに光の輪ができる仏光という珍しい現象も見られる。

長江の支流となる3つの川が合流する場所。そこにそびえる断崖絶壁に、90年もの歳月をかけて彫られた世界最大の石刻大仏がある。それは、奈良の大仏の約5倍もの大きさを誇る。高さ71m、肩幅24m、鼻の長さ5m、顔は100畳分にもなり、100人以上が大仏を囲んで座ることができる驚異のサイズだ。この大仏には、洪水を止め、水難事故を鎮め、幸せをもたらして欲しいという民衆の切なる願いが込められている。

「銀色の別世界」との別名を持つ峨眉山、1,000年の時を超えて今もなお人々を優しく見守る楽山大仏を見て、中国のダイナミックさ、歴史の奥深さに触れよう。

263

Travel Information: 41

複合遺産:
峨眉山と楽山大仏
(がびさん) (らくさん)
Mount Emei Scenic Area, including Leshan Giant Buddha Scenic Area

 中国 / China

WORLD MAP

いくらかかる？
How much?
8.5万円〜
<3泊4日／大人1名分の総予算>

■総予算内訳
※「旅の予算」は右頁「PLAN」の目安料金です。
□ 飛行機代
□ 宿泊費1名分(2名1室利用時)
□ 食事(朝3回)
□ 移動費・入場料
□ 燃油サーチャージ
※出入国税等を除く

どうやって行く？
How to get there
約9時間
<片道の合計時間>
※空港等での待機時間含ます

中国の成都までは直行便が運行していない。成田から北京などを乗り継いで行くのが一般的だ。成田〜北京は約4時間15分、北京〜成都は約2時間50分。成都からは車で約2時間。

いつが安いの？
Low Cost Season
5月〜6月
11月〜12月
<手頃なシーズン>

冬を除き、どのシーズンでも彩り豊かな植物を見ることができる。一方で、冬は白銀に染まり幻想的な姿を見せる。リーズナブルに行ける時期は5〜6月、11〜12月頃。

この旅のヒント
Hint!
峨眉山や楽山大仏に訪れる時は履き慣れた歩きやすい靴で行こう。

◆峨眉山の金頂へは山道もあるが、バスとロープウェイを使って行くこともできる。標高が高く、雨も降りやすい為、夏に訪れる場合でも上着や合羽を持参しよう。

◆楽山大仏の山頂(頭の部分)へは333段の石段を上り、大仏の足元へ行くには階段を下りることになる。動きやすい服装と共に履き慣れたスニーカーで訪れよう。

PLAN
プラン例／3泊4日

1日目	終日	成田発〜北京乗り継ぎ〜成都着【成都泊】
2日目	終日	楽山大仏【楽山泊】
3日目	終日	峨眉山【成都泊】
4日目	午前	成都発〜北京乗り継ぎ〜成田着

CHECK!

✓ 峨眉山
チェックポイント

最高峰の万仏山山頂の標高は3,099m、金頂は3,077m。その他に2,000mを超える72もの峰が連なる。峨眉山の名所を全部まわるとなると5日前後もの時間が必要となるので、見どころを絞って巡りたい。

✓ 楽山大仏
チェックポイント

大仏は弥勒菩薩で、完成当時は木造の建築物に囲まれ、法衣は金箔、胴には朱色が塗られていたという。両肩から足元まで階段が続いているので、間近で大仏に触れることができる。また、付近から出ている遊覧船に乗れば、その巨大な全貌を収めることも可能だ。

✕ 四川料理
食事

有数の穀倉地帯で「天府の国＝天が与えた豊かな国」と呼ばれてきた四川省。四川料理は長い歴史を持ち、食材や味付けなどバラエティに富んでいる。その種類は2,000を超えるとも言われている。麻婆豆腐や担々麺などが代表的で、香辛料を効かせた辛さが特徴だ。

周辺情報
One more trip

+1 パンダ繁育研究基地

中国最大のパンダ繁殖＆生育基地で、一般客にも公開もしている。パンダ博物館やパンダ病院など学習型の体験の他、間近でパンダを見ることもできる。華南タイガー、レッサーパンダ、ゴールデンモンキーなどの希少野生動物も保護している。

+1 成都の街歩き

成都は歴史的遺産が豊富で、見所が多い。三国志好きであれば訪れたい武侯祠、貴重な展示を見られる金沙遺跡博物館や四川博物院、清の時代を再現しつつ土産屋や飲食店が連なる寛窄巷子、また世界遺産の都江堰や青城山など枚挙にいとまがない。

TRIP 42　黄金時代を伝える、紀元前の遺跡
古代ギリシャを代表するポリス

「アテネのアクロポリス」ギリシャ
Acropolis, Athens / Greece

文化遺産

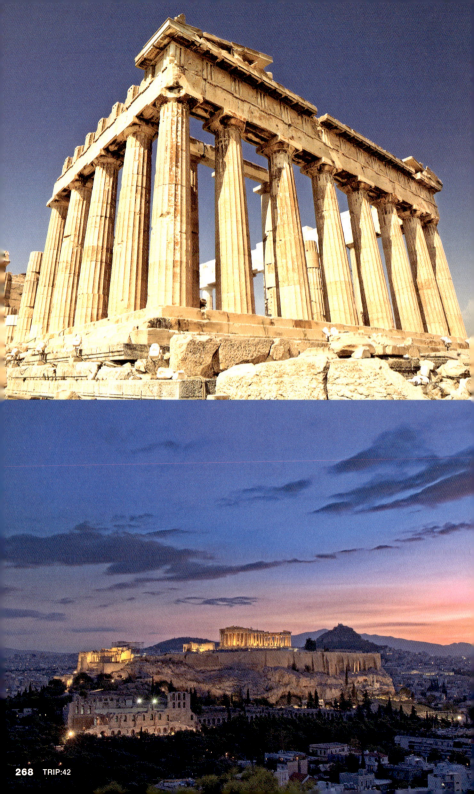

文化遺産 古代ギリシャを代表するポリス
「アテネのアクロポリス」

地中海に面し、エーゲ海に約3,000もの島を浮かべるギリシャ。本土の南部、アッティカ地方に首都アテネはある。3000年以上の歴史を抱くことから、世界で最も古い都市のひとつに数えられ、かつてはアテナイという名で、ポリスという都市国家のひとつだった街だ。

紀元前5世紀、アテナイはペルシア戦争に勝利したことにより海上交易を支配し、ギリシャの中心となるポリスへと発展。黄金時代の到来によって、哲学者や歴史家、芸術家などの人々が集い、世界に先駆け民主主義が育まれた。その時代に建てられたのが、アテネ市内の海抜約150mの岩山の上に佇む、丘の上の都市を意味するアクロポリスなのだ。

岩山の麓から急勾配が続く階段を登っていくと、雄大な姿を見せるパルテノン神殿が目に飛び込んでくる。2500年も前に大理石を用いて、ギリシャ神話の女神アテナの為に築かれたものだ。古代ギリシャ建築様式のひとつであるドリス式建造物を代表するものとして知られ、遠くから見ると直線的な建物に見えるが、実際には曲線や曲面を多用して造られている。そして、その裏手にはイオニア式で建造されたエレクテイオン神殿、アクロポリスの入口にはプロピュライアという門、その近くにはアテナ・ニケ神殿(翼無き神殿)と、他にも見所が多い。また、アクロポリスの南東に近年オープンした「新アクロポリス博物館」へも足を運びたい。数多くの古代ギリシャの芸術作品が展示されている。

政治や哲学、芸術など、世界に多大なる影響を与えた古代ギリシャ。その中心となったアテナイを巡り、紀元前の世界に触れる旅へ。

Travel Information: 42

文化遺産:
アテネのアクロポリス
Acropolis, Athens

 ギリシャ / Greece

WORLD MAP

いくらかかる?
How much?
9万円〜
<2泊5日/大人1名分の総予算>

■総予算内訳
※「旅の予算」は右頁「PLAN」の目安料金です。
□飛行機代
□宿泊費1名分(2名1室利用時)
□食事(朝3回)
□燃油サーチャージ

どうやって行く?
How to get there
約14時間
<片道の合計時間>
※空港等での待機時間含ます

成田からギリシャの玄関口、アテネまでの直行便はない。トルコのイスタンブールやアラブ首長国連邦のアブダビやドバイ、またはヨーロッパ1都市での乗り継ぎが必要になる。成田〜イスタンブールは約12時間30分、イスタンブール〜アテネは約1時間30分。

いつが安いの?
Low Cost Season
11月〜3月
<手頃なシーズン>

夏(6〜9月)は30度を超える日もあるが、乾燥しているので比較的過ごし易い。また、冬(12〜3月)は雨が多い時期となる。どの時期でも朝晩は冷え込むので、羽織るものや防寒具が必要となる。リーズナブルに行ける時期は11〜3月頃。

この旅のヒント
Hint!
パルテノン神殿をはじめ遺跡ではよく歩く。歩きやすい靴で訪れよう。

◆アクロポリスでは、パルテノン神殿まで急な階段を登ることになる。また大理石でできている為、雨が降るととても滑りやすくなる。歩きやすく、滑りづらい靴で訪れよう。

PLAN
プラン例／2泊5日

1日目	夜	成田発〜アブダビ乗り継ぎ〜アテネへ【機内泊】
2日目	午前	アテネ着
	午後	アテネ【アテネ泊】
3日目	終日	アクロポリス【アテネ泊】
4日目	午前	アテネ
	午後	アテネ発〜アブダビ乗り継ぎ〜成田へ【機内泊】
5日目	夜	成田着

CHECK!

✓ アテネ
チェックポイント

オリンピックの発祥地でもあるアテネには、当時のスタジアムが残っている。また、シンタグマ広場や国会議事堂、ハドリアヌスの門などアテネの歴史を物語る建造物がいくつもある。街歩きに最適なのがプラカ地区。色とりどりの土産が並ぶ通りで、散策を楽しめる。

✗ ギリシャ料理
お食事

隣国のイタリアとトルコに強い影響を受けているギリシャ料理。海に面するアテネでは、新鮮なシーフードを堪能することができる。魚はもちろんエビやタコ、イカ、ウニなども盛りだくさん。またオリーブオイルを多用する料理でもあり、旬の野菜も楽しめる。

周辺情報
One more trip

ポセイドン神殿

スニオン岬に建つ、パルテノン神殿と同時期に築かれた神殿。アテネから車で約1時間30分の距離にあり、アポロコーストという美しい海岸線を通ってアクセスする。背後の真っ青なエーゲ海と、白い大理石でできた神殿のコントラストは一見の価値がある。

デルフィ

アテネから車で約3時間の位置にある「世界のへそ」とも呼ばれる古代ギリシャ宗教の聖地。山の中腹に神殿や円形劇場、競技場などが佇んでいる。静寂が包むこの遺跡は、厳かな雰囲気に満ちている。

メテオラ

アテネから電車と車で約5時間30分の距離にある、自然と文化が融合した複合遺産。断崖絶壁に俗世と離れる為に、高さ30〜600mもある岩の塔の上に、修道士たちによって建てられた修道院がいくつもある。まさに別世界が広がる光景に出会えるので、時間が許せば訪れたい。

TRIP 43　花の都パリの歴史の証人
街に寄り添うセーヌの流れ

「パリのセーヌ河岸」フランス
Paris, Banks of the Seine / France

文化遺産

| 文化遺産 | 花の都パリの歴史の証人 |

「パリのセーヌ河岸」

花の都と謳われる、フランスの首都パリ。その名は、紀元前よりこの地に暮らしていたパリシイ族に由来する。紀元前には古代ローマの支配、紀元後にはヴァイキングの襲撃や王位継承を巡る百年戦争、ペストの大流行、イングランドの支配、宗教戦争、フランス革命など、枚挙にいとまがないほど歴史的な出来事が起り続けた地でもある。その中で多様な文化が入り乱れ、現在は世界を代表する都市のひとつとして名を馳せている。

パリの街中を流れるセーヌ川の両岸には、川が見届けてきたパリの歴史が詰まっている。シュリー橋からイエナ橋までの約8kmの間に並ぶ貴重な建築物は、世界遺産に登録されている。

右岸には貴族の豪華な屋敷が建ち並ぶマレ地区や、かつて宮殿であったルーブル美術館、フランス革命時にルイ16世やマリーアントワネットが斬首されたコンコルド広場、国内外の人気ブランドが軒を連ねるシャンゼリゼ通りなどがある。左岸にはゴッホやモネ、ルノワールなど有名な印象派の絵画を展示するオルセー美術館や、ナポレオンや将軍らの墓があるアンヴァリッド、パリのシンボル、エッフェル塔などが連なる。そして中洲のシテ島には、中世ゴシック建築の傑作ノートルダム大聖堂などが佇む。

あまりの美しさに多くの絵画のモチーフにされてきたセーヌ河岸。クルージングで川から街の眺めを堪能するのが王道だが、時間が許す限り様々な建物もじっくりと見学したい。

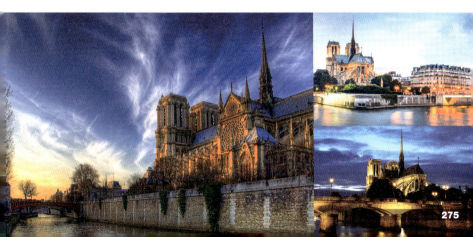

Travel Information: 43

文化遺産:
パリのセーヌ河岸
Paris, Banks of the Seine

 フランス / France

WORLD MAP

いくらかかる?
How much?
7.1万円〜
<1泊4日/大人1名分の総予算>

■総予算内訳
※「旅の予算」は右頁「PLAN」の目安料金です。
□ 飛行機代
□ 宿泊費1名分(2名1室利用時)
□ 食事(朝1回)
□ 燃油サーチャージ

どうやって行く?
How to get there
約12.5時間
<片道の合計時間>
※空港等での待機時間含みます

日本からフランスの玄関口パリまで直行便が運行している。成田〜パリは約12時間30分。

いつが安いの?
Low Cost Season
11月〜3月
<手頃なシーズン>

高緯度に位置しながらも、比較的温暖な気候で、日本と同様に四季がある。夏(6〜8月)の平均最高気温は25度、冬の平均最低気温は氷点下になることも珍しくない。リーズナブルに行ける時期は11〜3月頃。

この旅のヒント
Hint!
セーヌ川両岸には見所が多いので、可能な限り滞在して巡ろう。

◆ セーヌ川の両岸には、いくつもの観光スポットがある。1ヶ所だけでも半日以上楽しめる所も少なくないので、滞在日数が多ければ多い程じっくりと巡ることができる。逆に滞在日数が限られる場合は、見学ポイントを絞って効率的に巡りたい。
◆ セーヌ川での遊泳は固く禁止されている。水に浸かるだけでも罰金を取られることもある。
◆ 成田からパリまで直行便が運行しているが、乗り継ぎ便を利用することでよりリーズナブルに行ける場合も多いので、航空券手配前に確認してみよう。

PLAN
プラン例/1泊4日

1日目	終日	成田発～乗り継ぎ～パリへ【機内泊】
2日目	朝	パリ着
	終日	パリ【パリ泊】
3日目	終日	パリ
	夜	パリ発～乗り継ぎ～成田へ【機内泊】
4日目	夜	成田着

CHECK!

✓ パリ
チェックポイント

観光名所を訪れることはもちろん、古典から近代までの芸術鑑賞や有名ブランド店、蚤の市での買い物、フランス料理をはじめとした世界各国の料理を楽しみたい。レンタサイクルのパーキングが街中にあるので、自転車で駆け抜けるのも面白い。

✓ セーヌ川
チェックポイント

昔から画家や詩人、音楽家が讃えてきた全長約780kmの川。パリ市内には、40程度の橋が架かっている。移動の為の水上バスや観光船、豪華な食事を楽しむクルーズなどがある。水面から歴史の輝きに満ちたパリの街の眺めを堪能しよう。

✗ ワイン
食事

フランスでは「ワインは水より安い」という声もあるほど、安くて美味しいワインが沢山ある。スーパーにも数え切れないほどの種類があって、値段もピンキリだ。ワインバーやソムリエのいるレストランに行くのもオススメ。美味しいチーズと一緒に味わってみよう。

周辺情報
One more trip

ディズニーリゾートパリ

パリの中心から電車で40分。数々のお伽話が生まれたヨーロッパにあって唯一のディズニーランドがある。洗練されたヨーロピアンテイストの建物に、パリらしい衣装を着たミッキーやミニーが出迎えてくれる。日本にないアトラクションもあるので、ディズニー好きは是非。

モン・サン・ミシェル

パリから車で約4時間の距離にある世界遺産。沖合に浮かぶ岩の島の上に、修道院などが建っている。ゴシック様式の建築物や庭園、礼拝堂、城壁、塔や門など見所は多い。昼食には、モン・サン・ミシェル名物の「プラールおばさんのオムレツ」を楽しもう。

TRIP +α 世界に誇る美しい自然、類い稀なる文化
「日本の世界遺産」

日本の世界遺産
「日本」

地球の東西南北に点在する、後世に残すべき自然や文化。それは海外だけのものだけではなく、日本にも多く存在する。本章では、そのうち10の世界遺産を紹介。居住地によっては数千円、数万円で行ける所もあるのではないだろうか？
世界に誇る日本の遺産も、訪れてみよう！

279

TRIP 01 「屋久島」 鹿児島県　　　自然遺産

鹿児島県の佐多岬から南南西へ約60kmの地点に浮かぶ屋久島。中心には九州一高い山「宮之浦岳」が聳え、周りには標高1,000mを超える峰が連なる。この大きな起伏が特殊な環境を生みだし、「1ヶ月のうち、35日は雨が降る」と言われるほど豊富な水の恵みを島にもたらしている。樹齢1,000年を超える縄文杉などの巨大な屋久杉をはじめ、映画『もののけ姫』の舞台とも言われる緑の世界「苔むす森」や千尋の滝、白谷雲水峡、屋久杉自然館など見所が多い島だ。

TRIP 02 「姫路城」 兵庫県　　　文化遺産

奈良県にある「法隆寺地域の仏教建造物」と共に日本で初めて登録された文化遺産。初代城主の赤松貞範が1346年に築城した後、黒田重隆や羽柴秀吉、池田輝政など幾人もの城主によって増改築が行われ、1617年、本田忠政の時代にほぼ現在の形になった歴史を持つ。大天守と小天守が渡櫓で繋がる連立天守閣をはじめとする独特の構造や、400年以上もほとんど姿を変えずに現代に残る大規模な木造建築であることから、日本を代表する建築物のひとつになっている。別名「白鷺城」とも呼ばれる、美しい白亜の城だ。

TRIP 03 「白川郷・五箇山の合掌造り集落」 岐阜県・富山県　　　文化遺産

岐阜北西部の白川郷と富山県南西の五箇山に存在する集落。そこに建つ民家は、他の地域では見られない特徴的なもので、手の平を合わせたような形になっている「合掌造り」の萱葺き屋根が一際目を引く。屋根裏を広くし、3、4の階層に分けて養蚕業などに使えるようにする為の工夫だ。戦後、急激にその数を減らす中で、その価値が見直され1995年に世界遺産に登録された。これらの集落に見る家屋は、日本の木造文化を代表するものであり、また昔ながらの農村の景観を現代に残している貴重なものだ。

TRIP 04 「厳島神社」 広島県　　　文化遺産

瀬戸内海に浮かぶ厳島（宮島）北部に位置する厳島神社。前面には青を湛える瀬戸内海が広がり、背後には緑豊かな弥山がそびえている。潮の干満によって風景が変わるという見事なまでに自然と調和する、日本でも珍しい建築物のひとつだ。平安時代後期の1168年、平清盛が大規模な社殿を造営したことが原型となっている。その後、火災によって焼失したものの再建や修復が幾度も施され、平安時代の貴族の住宅様式である寝神殿造りを、現在でもほぼ当時の姿で見ることができる。

TRIP 05 「小笠原諸島」 東京都　　　自然遺産

東京から遥か南へ約1,000km。聟島列島、父島列島、母島列島、硫黄列島、沖ノ鳥島、南鳥島、西ノ島など、大小約30の島々から小笠原諸島は構成されている。同諸島は誕生以来、一度も大陸と繋がらなかった為、島々には独自の変化を遂げた多くの固有種が存在する。紺碧の海を舞台にしたイルカやクジラウォッチング、ダイビングに釣りなどを楽しめ、木々が鬱蒼と茂る山でハイキングをすれば、野鳥や珍しい植物に出会うことができ、また夜には満天の星空を望むこともできる。「東洋のガラパゴス」とも呼ばれる、別世界が広がる美しい島だ。

TRIP 06 「白神山地」 青森県／秋田県　　自然遺産

青森県南西部と秋田県北西部にまたがる広大な山地帯の中で、ブナの原生林が広がる16,791ヘクタールが世界遺産に登録されている。そこには1,000mを越える山々が連なり、入り組んだ深い谷、落差の大きな滝や、幾つもの河川が存在する。最大の特徴は、人間の影響をまったく受けていないブナの原生林。それは東アジア最大級の規模と言われ、熊や猿、鹿、野鳥など、多くの動物に恩恵をもたらしている。屋久島と共に日本で初めて登録された自然遺産だ。

TRIP 07 「知床」 北海道　　自然遺産

北海道の東部、オホーツク海に面する知床半島は、海水が氷結する地域の中で最も低緯度にある。その氷が融解しプランクトンが繁殖することで、魚介類にとって恵まれた環境が整っている。そして河川を遡上する鮭は、熊や鷲など、陸上生物の捕食対象となる。海と陸が繋がる、貴重な食物連鎖が残る知床半島の一帯と海岸線の沖合約3kmが世界遺産に登録されている。観光船に乗船して海から、ネイチャーガイドと共に陸からと、四季を通じて楽しめる、日本有数の大自然が残る半島だ。

TRIP 08 「平泉仏国寺（浄土）を表す建築・庭園及び考古学的遺跡群」 岩手県　　文化遺産

岩手県南西部に位置する、東北初の文化遺産。平安時代末期に栄えた奥州藤原氏が仏教に基づく浄土思想の理想の世界を目指して築いた政治行政上の拠点だ。その表現方法は都の文化を受容しながらも独自に発展させたもので、世界にも類がないと言われている。国宝である金色堂を含む中尊寺、浄土式庭園が残る毛越寺、当時の庭園が復元された観自在王院跡、巨大な阿弥陀堂跡である無量光院跡、標高約98mで都市計画の基準点となったと言われる金鶏山などが見所だ。

TRIP 09 「紀伊山地の霊場と参詣道」 和歌山県・奈良県・三重県　　文化遺産

紀伊半島の大部分を占める、標高1,000～2,000m級の急峻な山々が連なる紀伊山地。古来より神々が鎮まる場所と考えられ、仏教徒の修行の場所とされている。熊野三山、高野山、吉野・大峯の3つの山岳霊場と、そこに至る参詣道が文化遺産に登録されている。神道と仏教の融合や、極めて良い状態で残る社寺など、自然と一体化した景観は世界的にも評価が高く、現在でも多くの人々が訪れている場所だ。樹木や滝、川など、自然を崇拝する独自の世界が広がる古道を歩きたい。

TRIP 10 「富士山・信仰の対象と芸術の厳選」 静岡県・山梨県　　文化遺産

静岡県と山梨県に跨がる、標高3776mの富士山。古くから神聖視され、信仰の対象になっていたことに加え、万葉集や葛飾北斎の富嶽三十六景など、多くの芸術作品の題材となってきたことで世界遺産に登録された。登録には、周囲の登山道や神社、風穴、湖沼なども含まれている。五合目から頂上まで、移りゆく景色を堪能しながら登ってみたい。頂上まで行けば更なる絶景が広がり、ご来光を拝むこともできる。しかし、富士山に登る際は、十分な知識と装備が必要になるので、安易な登頂は危険なので注意しよう。

本書を読んで、「旅に行こう！」という気持ちが固まったら、次は具体的な手続きへ。出発する時期を確定させたら、情報収集をしながら、航空券やホテル、現地での送迎やツアーの手配など、様々な準備を進めていこう。
もちろん、すべて自分ひとりで手配することも可能だが、旅のプロである旅行会社に相談するのもオススメだ。
いくつもの旅を扱っているので、情報も豊富だし、航空券やホテル、送迎に現地ツアーなど、自己手配するよりも安くなる場合も多いのだ。

ちなみに、本書で紹介した旅の予算やプラン例などのインフォメーションはすべて、海外進出国世界一位の旅行会社「H.I.S.」に協力してもらいながら作りあげたもの。H.I.S.であれば、本書で紹介した12万円以内で行けちゃうリーズナブルな旅から、一生に一度のラグジュアリーな旅まで、広範囲に渡って手配できるし、国内302店舗、海外124都市181もの拠点を持っているので、直接窓口で相談もできる。まずはサイトや店舗を訪ねて、様々な旅プランに触れてみることからはじめても良いだろう。
また、H.I.S.で航空券やホテルを購入した場合、世界中に配置された「旅先コンシェルジュ」が、現地での不便や不安を解消してくれるサービスが無料で付いてくるのだ。空港・駅・観光地での案内はもちろん、通訳・道順案内・レストランの案内や、レンタカー・鉄道の予約のお手伝いまで、様々な案件をサポートしてくれる。海外進出国数世界一のH.I.S.だからこそのサービス。「旅はしたいけど、不安が……」という人には、強い味方となってくれるだろう。

編集後記

『12万円以内で行けちゃう！ 世界遺産への旅』を、最後までご覧いただき、ありがとうございました。

テレビや雑誌、新聞など、様々な媒体で特集が組まれることも珍しくない「世界遺産」。地球や人類が創造した、後世に残すべき素晴らしい遺産の数々は、多くの人々を惹きつける魅力に溢れています。

しかし一方で、「世界遺産に行きたい！ けど、お金が……」と思ったことがある人も多いのではないでしょうか？
確かに、世界遺産への旅と言うと、旅行費が高いイメージもあります。年末年始やゴールデンウィーク、夏休みなど、旅行代金がハネ上がる時期であれば、多額の費用を準備しなければいけないでしょう。
だからといって、世界遺産を見る夢を諦めるのはもったいない！
そんな想いから本書の企画は立ち上がりました。

現実的に考えて、無理なく貯金できる額を、1ヶ月に1万円に設定。
「1年に1度は、これまであなたが行ったことのない場所に行くようにしなさい」という、チベット仏教の最高指導者ダライ・ラマ14世の言葉にもあるように、1年に1度は旅をできるように。
そんなコンセプトのもと、「1年で貯められる12万円で行ける世界遺産への旅」のリサーチを開始しました。
すると、ベストシーズンを外して時期を問わなければ、多くの選択肢があるということが分かったのです。そして、その中から特に見応えあるものを、旅経験豊富な編集スタッフや多くの旅のプロフェッショナルと共に厳選したのが本書なのです。

本書が、毎年の「世界遺産への旅」選びの参考に、また1つでも多くの地球の宝物に出会う一助になれば幸いです。

Have a nice world heritage trip!

A-Works 編集部

■写真：

■iStockphoto: ©iStockphoto.com / Veni, vencavolrab, Mlenny, craftvision, querbeet, DimitrisDr, paulwongkwan, Tarzan9280, borchee, robynmac, jethic, April30, RnDmS, lots, alxpin, SerrNovik, OlgaRakhm, MasterLu, cadlikal, MorelSO, pniesen, rums, Nikada, WEKWEK, swilmor, alohaspirit, JoseIgnacioSoto, Drosera, neirfy, pp76, SueBurtonPhotography, RnDmS, mmac72, VvoeVale, anshar73, Hannah-Mac, Mor65, Jaykayl, taln, mahout, maxhomand, timstarkey, Nastasic, Kemter, nullplus, StevanZZ, Nikada, iSailorr, MasterLu, TkKurikawa, estivillml, klug-photo, misuma, Enskanto, bashta, Joesboy, fotoVoyager, Alexneo, carlosdelacalle, leminuit, danilovi, jhorrocks, AleksandarGeorgiev, JacobH, VanderWolf-Images, GAPS, zyxeos30, fototrav, Lcc54613, SeanPavonePhoto, AygulSarvarova, tupungato, benedek, monica-photo, t_rust, SebastianHamm, fazon1, ArtPhaneuf, ALEAIMAGE, LordRunar, Lefteris_, Dark_Eni, monticelllo, Anita_Bonita, vanbeets, Nikada, mycan, cinoby, JudyDillon, Jjacob, anouchka, PhotographerCW, MortenElm, justhavealook, ImpaKPro, justhavealook, Paul_Brighton, 4FR, sihasakprachum, Afonskaya, KevinDyer, sgoodwin4813, -Ivinst-, EdStock, diamirstudio, Cindybug, tunart, IlonaBudzbon, master2, johnason, Jarak, platongkoh, RBFried, 97, Frozenmost, Marjo_Laitakari, SeanPavonePhoto, howamo, Noshira, WEKWEK, argalis, puchan, VvoeVale, scandal, titoslack, EunikaSopotnicka, jonaldm, simongurney, AudiDelaCruz, Mak_photo, Photon-Photos, h3k27, Onfokus, TommasoT, jenifoto, EdStock, nickfree, hanoded, Arx0nt, DanielPrudek, johnnychaos, mchen007, Stephane_Jaquemet, Taboga, Stephane_Jaquemet, Blueplace, ollirg, Angelafoto, CAHKT, nicolamargaret, ChrisHepburn, blackjake, bbourdages, gegeonline, theasis, rchphoto, Leobici, ChoukichiPhotography, dmodlin01, warrengoldswain, mmac72, IvanBastien, VvoeVale, VickySP, AGaeta, Janugio, VII-photo, tumpikuja, eurotravel, captblack76, julof90, digitalimagination, pp76, scandal, SteffenHoejager, Tsuguliev, a40757, funky-data, roset, CaptureLight, mevans, greenantphoto, JoseIgnacioSoto, TonyFeder, IPGGutenbergUKLtd, Tammy616, hypergurl, pniesen, JohnCarnemolla, hotshotsworldwide, KJA, SimonDannhauer, suc, fotofritz16, RudyBalasko, interlight, adisa, titoslack, mathess, DimitrisDr, Gargolas, karnizz, alxpin, GoodLifeStudio, WitR, SerrNovik, ollirg, mpalis, thrshr, burwellphotography, guenterguni, cinoby, MasterLu, yellowcrestmedia, charlotteba, Gannet77, sudhirvatsa, VitalyEdush, dibrova, gerenme, jfwets, Mitshu, Floortje, naphtalina, mtrommer, tupungato, stevenjfrancis, Ramdan_Nain, kgtoh, afby71, IakovKalinin, vwalakte, Shaiith, Shaiith, ventdusud, fazon1, StevanZZ, AlKane, DNY59, ToolX, jenifoto, AleksandarGeorgiev, Shaiith, vwalakte, bluejayphoto, NaughtyNut, mlane, Oknopo, Canoneer, miialex, MasterLu, anggianggoman, SomersetMaugham, sihasakprachum, Oknopo, mathess, sayoga, PikkieChick, vichie81, cenix, szefei, dennisvdw, toos, tycoon751, JacobH, ChrisDoDutch, craftvision, -AZ-, Mirrorimage-NL, klug-photo, TheCrimsonMonkey, klug-photo, siete_vidas, Gim42, brytta, dymon, AmoreBrittigan, siete_vidas, rx3ajl, tamix115, vichie81, instamatics, XavierFargas, StevanZZ, morale, inigofotografia, morale, Merbe, swilmor, Wellych, arssecreta, Gannet77, Coquinho, sedmak, filo, anouchka, cifani2008, anouchka, AleksandarGeorgiev, pidjoe, extravagantni, jenifoto, extravagantni, Ljupco, dbphotograph, sara_winter, Ljupco, AleksandarGeorgiev, jarino47, swisshippo, AndreyKrav, raeva, mariakraynova, SerrNovik, hutale, Asahiphotographers, banarfilardhi, Bim, nailiaschwarz, Razvan, onairda, fototrav, kynny, dcylai, atosan, poloje, PakHong, fototrav, cozyta, borchee, France68, graphia76, miluxian, pavel068, kirilart, anyaivanova, dundanim, borchee, io_nia, abhijeetv, argils, horstgerlach, dmaroscar, badahos, Lenorlux, MartinM303, Remigiusz_Szczerbak, agustavop, audioworm, Bennewitz, hwinther, Nikada, petrzurek, AleksandarGeorgiev, clu, Nikada, QQ7, rognar, prmustafa, Lebazele, damircudic, onfilm, blueclue, saqibhasan, damircudic, ugurhan, Svensson78, DeadDuck, francesco_de_napoli, Borisb17, LordRunar, mifaimoltosorridere, hairballusa, Leadinglights, scandal, Brzozowska, nrazumoff, syolacan, pornchai7, dukeyman, MartinM303, rmnunes, rattanapat, Pipop_Boosarakumwadi, fotonio, lleerogers, parinyawarm, Golf_chalermchai, parinyawarm, thrshr, DimaBerkut, scalier, storage, Assawin, Hafizov, Afonskaya, DavorLovincic, raisbeckfoto, LP7, Meison, LewisTsePuiLung, tunart, salajean, PARMOHT, salajean, Skouatroulio, dibrova, master2, karakul, plastic_buddha, laughingmango, sabirmallick, PEDRE, gracethang, fototrav, luxizeng, platongkoh, littlewormy, silkwayrain, Huyangsh, minddream, Nattawat_SPhoto, scandal, alan64, william87, elinafoto, ssiltane, Dreef, Lingbeek, Salawin, conradcress, martin-dm, benstevens, espiegle, Gosiek-B, spoon, espiegle, posztos, ManuelVelasco, bender, myshkovsky, DimaBerkut, howamo, MarineMan, jitney, iSpawn, bluejayphoto, psvrusso, f9photos, Shaiith, neonmaciej, RudyBalasko, neonmaciej, walterq, jenifoto, Shaiith, Freeartist, Marc_Osborne, GOLF3530, VaidaSav, rolenf, joyt, Mak_photo, NaLha, suc, GarysFRP, Triggerhappy901, olliemtdog, RollingEarth, LegoKnight, jessicaphoto, RichLegg, aronaze, allgord, axelbueckert, Mlenny, NaughtyNut, markrhiggins, nok6716, sergwsq, lore, rodeo, neotakezo, Nikontiger, wrangle, nok6716, KenWiedemann, edema, stockmouse, sorincolac, edema, MaRabelo, deeepblue, porojnicu, onairda, DHuss, Angelafoto, IvanBastien, Ary6, sneer, Angelafoto, stevebphotography, MorelSO, t-lorien, edema, IvanBastien, iSailorr, sealing, flory, andreamuscatello, AsianDream, Alatom, ajlber, humancode, Siempreverde22, radish, handed, Tarzan9280

■FOTOLIA-Fotolia.com: ©mname, pure-life-pictures, Sergii Figurnyi, Jarosław Roś, kasiati2012, Brian Kinney, aterrom, Brian Kinney, naruto_japan, albillottet, paolo maria airenti, orpheus26, Sergii Figurnyi, Artur Bogacki, oscity, Mariusz Prusaczyk, mandritoiu, Beboy, scaliger, MasterLu - Fotolia.com

■dreamstime: © Ixuskmitl, zlotysu, Maxim Tupikov, Attila Jandi, Eldeiv, Grafzero, Levente Bodo, Mary Lane, Faizzaki, Rob Den Braasem, Nilanjan Bhattacharya, Gunold Brunbauer, Aija Lehtonen, Guoqiang Xue, He Yujun, Michal Bellan

■PIXTA: ©Topdeq, 響鬼, bbtree, MASA, 空, ヒデ, marinescape, よっちゃん必撮仕事人, uraku, 三太郎, Scirocco340, Yayimages, sborisov, oscarcwilliams

本書は制作時（2014年）のデータをもとに作られています。掲載した情報は現地の状況などに伴い変化することもありますので、ご注意ください。また、写真はあくまでもイメージです。必ずしも同じ光景が見られるとは限りません。あらかじめお知りおきください。

最後に、あらためて言うまでもありませんが、旅はあくまで自己責任です。本書で描いている旅の見解や解釈については、個人的な体験を基に書かれていますので、すべてご自身の責任でご判断のうえ、旅を楽しんでください。

万が一、本書を利用して旅をし、何か問題や不都合などが生じた場合も、弊社では責任を負いかねますので、ご了承ください。

では、また世界のどこかで逢いましょう。

Have a nice beautiful Trip !

2015年1月20日　株式会社 A-Works 編集部

地球は僕らの遊び場だ。
さぁ、どこで遊ぼうか？

自分の心に眠る、ワクワクセンサーに従って、ガンガン世界へ飛び出そう。
旅をすればするほど、出逢いは広がり、人生の視野は広がっていく。
あなたの人生を変えてしまうかもしれない、大冒険へ。
Have a Nice Trip!

最強 旅ガイドシリーズ！

行き先を決めてから読む旅ガイドではなく、行き先を決めるために、ワクワクセンサーを全開にする旅ガイド！

A-Works HP　http://www.a-works.gr.jp/　旅ガイド Facebook　http://www.facebook.com/TRIPGUIDE

5日間の休みで行けちゃう！
絶景・秘境への旅
5 DAYS WONDERFUL TRIP GUIDE
発行・発売：A-Works　ISBN978-4-902256-48-2　定価：1,500円＋税
一生の宝物になる最高の景色に出逢う旅へ。
5日間の休みで行けちゃう「絶景」、「秘境」を完全ガイド！

地球が創造した奇跡の別世界へ！

5日間の休みで行けちゃう！
楽園・南の島への旅
5DAYS PARADISE TRIP GUIDE
発行・発売：A-Works　ISBN978-4-902256-52-9　定価：1,500円＋税
究極の解放感＆癒しを求める旅に出よう！
5日間の休みで行けちゃう「楽園」、「南の島」を完全ガイド！

解放感溢れる夢のパラダイスへ！

5日間の休みで行けちゃう！
美しい街・絶景の街への旅
5DAYS BEAUTIFUL TRIP GUIDE
発行・発売：A-Works　ISBN978-4-902256-56-7　定価：1500円＋税
一生に一度は歩きたい！ 絵本のような別世界へ。
5日間の休みで行けちゃう「美しい街」、「絶景の街」を完全ガイド！

魅惑のアートが広がる街を歩こう！

一度きりの人生
絶対に行きたい夢の旅 50
＜心震える絶景＆体験ガイド＞
発行・発売：A-Works　ISBN978-4-902256-59-8　定価：1400円＋税
言葉を失うほどの絶景を見たい、心が震えるような体験をしたい。
3泊5日、11万円から、本当に行けちゃう！

夢の旅を「今すぐ叶える」ための旅プラン＆ガイド

地球を遊ぼう！
発行・発売：A-Works　ISBN978-4-902256-27-7／定価：1,500円＋税

人生で一度は行ってみたい…
そんな夢の旅に、手頃な値段で、本当に行けちゃう!
究極の旅ガイドが誕生。

地球は僕らの遊び場だ。
さぁ、どこで遊ぼうか？

7日間で人生を変える旅
発行・発売：A-Works　ISBN978-4-902256-29-1／定価：1,500円＋税

脳みそがスパーク!する極上の地球旅行!
限られた休日でも行けちゃう! 予算から交通手段、スケジュールまで、
リアルでツカえる情報満載の旅ガイド!

この旅をきっかけに、人生が変わる。
きっと、新しい何かに出逢える。

地球でデート！
発行・発売：A-Works　ISBN978-4-902256-34-5／定価：1,500円＋税

ふたりきりで、夢のような別世界へ。
旅を愛するふたりに贈る、究極のラブトリップ26選。
気軽に行ける週末旅行から、一生に一度の超豪華旅行まで、
愛の絆を深めるスペシャルトリップ!

世界中で、イチャイチャしちゃえば？

Wonderful World
発行・発売：A-Works　ISBN978-4-902256-38-3／定価：1,500円＋税

「冒険」と「優雅」が融合した、新しいスタイルのジャーニー。
さぁ、素晴らしきWonderful Worldへ。
世界中の"秘境"が、僕らを待っている。

さぁ、次は、どこに旅しようか？

両親に贈りたい旅
発行・発売：A-Works　ISBN978-4-902256-43-7／定価：1,500円＋税

一緒に旅をして、特別な時間を過ごすこと。
それこそが、最高の親孝行…。

お父さん、お母さんに、
「夢の旅」を贈るためのガイドブック！

人生で最高の1日
発行・発売：A-Works　ISBN978-4-902256-46-8　定価：1,400円＋税

旅に出て幸せを見つけよう！
自由人・高橋歩が選んだ「旅人88人の絶対に忘れられない旅物語」。

一人旅から家族旅まで、素敵な街から秘境まで、
極上のハッピーに包まれる旅のストーリー。
旅に出ると、自分の幸せのカタチがハッキリと見えてくる。

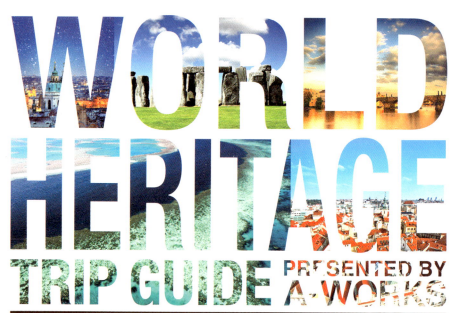

12万円以内で行けちゃう！ 世界遺産への旅

2015年1月20日　初版発行

編集　A-Works

プロデュース　　高橋歩
編　集　　　　多賀秀行、滝本洋平
デザイン　　　　高橋実
協　力　　　　小海もも子
Thanks　　　　二瓶明、菅澤綾子

発行者　高橋歩

発行・発売　株式会社 A-Works
東京都世田谷区玉川 3-38-4 玉川グランドハイツ 101　〒158-0094
URL : http://www.a-works.gr.jp/　　E-MAIL : info@a-works.gr.jp

営業　株式会社サンクチュアリ・パブリッシング
東京都渋谷区千駄ヶ谷 2-38-1　〒151-0051
TEL : 03-5775-5192　FAX : 03-5775-5193

印刷・製本　中央精版印刷株式会社

ISBN978-4-902256-61-1
乱丁、落丁本は送料負担でお取り替えいたします。
本書の無断複写・複製・転載を禁じます。

Ⓒ A-Works 2015　PRINTED IN JAPAN